逄金一

1969年生于山东胶南，博士后，中国作家协会会员、山东省作家协会全委会委员、山东省散文学会副会长、济南市作协副主席。著有《中国风尚史·先秦卷》《济南文坛见闻录》等著作十二部，曾获中国报纸副刊好作品一等奖、冰心散文奖、齐鲁文学奖、刘勰文艺评论奖、山东新闻名专栏奖、奎虚图书奖等多种奖项。现供职于济南日报社。

『思想的边界』丛书

逄金一◎著

书信里的文章大家

云南出版集团
云南人民出版社

图书在版编目（CIP）数据

书信里的文章大家 / 逄金一著. -- 昆明 : 云南人民出版社, 2021.5
（思想的边界 / 斯日主编）
ISBN 978-7-222-19952-1

Ⅰ. ①书… Ⅱ. ①逄… Ⅲ. ①名人－书信集－中国－现代 Ⅳ. ①K820.6

中国版本图书馆CIP数据核字(2021)第011292号

出 品 人：赵石定
策　　划：赵石定
项目统筹：马　非
责任编辑：朱　颖　范晓芬
装帧设计：马　滨
责任校对：李　红　周　彦　崔同占
责任印制：李寒东

“思想的边界”丛书
书信里的文章大家
逄金一　著

出版　云南出版集团　云南人民出版社
发行　云南人民出版社
社址　昆明市环城西路609号
邮编　650034
网址　www.ynpph.com.cn
E-mail　ynrms@sina.com
开本　889mm×1194mm　1/32
印张　8
字数　180千
版次　2021年5月第1版第1次印刷
印刷　昆明瑆煋印务有限公司
书号　ISBN 978-7-222-19952-1
定价　68.00元

如需购买图书、反馈意见
请与我社联系
总编室：0871-64109126
发行部：0871-64108507
审校部：0871-64164626
印制部：0871-64191534
版权所有侵权必究
印装差错负责调换

云南人民出版社微信公众号

思想本无界

——“思想的边界”丛书总序

斯　日

“思想的边界”这套丛书即将要付梓了。我们推出这套丛书，希望通过解读近现代思想家、作家的书信，再现书信背后的故事，聆听书信主人讲述各自生命中那些波澜壮阔或风平浪静、风卷云涌或云淡风轻的岁月，从而能够走近他们更加真实而完整的生命角色。

“思想”与“边界”这两个词语的组合具有哲学的意味，借用李泽厚《美的历程》中贯穿始终的核心词组——“有意味的形式”，可以说，这是一个有意味的组合。作为人类文明发展中处于精神文化层面的“建筑”，思想不同于物质，超越了消费型的物质，也超越了可看得见的形式，从而无从有所谓的边界，自然无从诞生“思想的边界”这样的词语组合。由此可以说，我们这套丛书名——“思想的边界”注定不属于常规思维：将“边界”这个自带可感可见形式的词语，与“思想”这个无形式无边界的概念组合在一起，便催生了一种哲学的意味——为无形式垒砌形式，为无边界描画边界。所有的这些，像极了在徒劳处辛勤劳作。

作为思想家、作家、诗人、历史学家、古文字学家，鲁迅、茅盾、郭沫若、巴金等思想文化的巨匠，他们在身后都留下了盈千累万的佳作，再现“文章之无穷”的魅力，建立了“经国之大业，不朽之盛事”，在中国思想史、文学史、历史等诸多领域和学科树立了使后人高山仰止、景行行止的丰碑。他们的名声，如曹丕所言“不假良史之辞，不托飞驰之势”，“自传于后”，完全来自他们的作品及其所达到的思想的深度、广度、高度。我们今天想要了解他们，最重要的途径是阅读、研究他们的作品，唯有如此，才能对他们的思想有所领会。那么，我们是否就此可以假设，他们所创作的作品，已经将他们的思想全部涵盖了呢？或者可以说，阅读和了解了他们所创作的作品，就能够完整把握和领会他们的思想了吗？

在回答这个问题之前，我们先讲一个故事。

今天我们都知道司马迁的《史记》在中国历史上的重要意义：中国纪传体正史的开创之作，成为延续2000多年的中国历史书写模式。这是从《史记》所开创的体例意义方面而言。从思想价值而言，《史记》以其“究天人之际，通古今之变，成一家之言”这个撰述宗旨，成为“二十四史”中位居第一的历史著作，其思想的先进性、科学性是后世史学著作所不能望其项背的。

作为《史记》的撰述宗旨，“究天人之际，通古今之变，成一家之言”代表了司马迁思想的高度，我们今天研究司马迁及其《史记》的思想成就，无法绕开这个宗旨。如果按照前文所言，文史名家的思想，唯有通过阅读和研究他们所留下的作品才能够到达，那么，《史记》的这个宗旨，应该通过阅读使司马迁青史留名的巨著《史记》来获得。不过，事实是，这个宗旨并不出自《史记》，其出处在一封信里。

汉武帝征和二年（公元前91年），时任中书令的司马迁写了一封信给当时身陷囹圄的朋友任安。这年，太子刘据被汉武帝新宠臣江充栽赃，陷入“巫蛊之祸”，太子非常恐惧，情急之下起兵，诛杀了江充，随即遭到愤怒的汉武帝强行镇压，兵败后太子出逃到京兆尹的湖县，最终悬梁自尽，太子的母亲王皇后也因此受牵连在宫中自缢身亡。太子刘据在恐慌中起兵的时候，曾假传圣旨，命令时任北军使者护军任安发兵，但任安收到太子发兵命令后，并没有出兵。“巫蛊之祸”事件平定之后，汉武帝认为任安“坐视成败”，“怀诈，有不忠之心”，将任安投入监狱，最终腰斩。在任安被临刑之前，作为朋友，司马迁给他写了一封信，其实这是一封回信，因为几年前，任安曾给司马迁写信，希望在汉武帝身边工作的司马迁“尽推贤进士之义”，举荐自己。司马迁一直未回信，直到任安身陷牢狱之灾，才起笔写了这封回信。

这封信后来被称为《报任安书》。清代的储欣在《古文菁华录》中说《报任安书》是“激昂悲愤，自有文字以来第一书”，是中国历史上第一封信。这个“第一”，含有重要意义：在这封信里，司马迁除了表达自己发愤著书意志之外，还陈述了撰写《史记》的宗旨——“究天人之际，通古今之变，成一家之言”。

如果我们只读《史记》，不读《报任安书》，无法知晓这个宗旨，当然无法完整而准确地理解司马迁写作《史记》的真正目的；当然，因此关于司马迁及其《史记》的思想深度和高度的把握，也不容易达到最佳状态。思想家的有些思想甚至是具有重要意义的部分，并不在阐述其思想的作品当中，也许在作品之外——在思想的边界之外，如书信、日记等形式非创作类私人文献当中。从这个意义上而言，可以说，司马迁在中国思想史上又作出了一个开创性的举措。

了解了司马迁的著作《史记》与司马迁写给朋友的信《报任安书》之间不可分割的重要关系，自然回答了上面所提出的问题：要全面了解一个思想家的思想，阅尽思想家所创作的作品是首要的和必要的，但仅仅做到这些，还是万万不够的，有时候，重要的东西可能在阐述思想的作品之外——在思想的边界之外可能捕获到重要的碎片和火花。

纵览中国思想史，有个现象值得关注，即中国思想史上的大部分思想家，其思想最初分散在不同的文章中陈述，以不同的体裁、以碎片化的形式呈现，缺少统一而缜密的逻辑结构将其思想系统、完整地表述出来。关于这个现象，徐复观先生作过论述："一个思想家的思想，有如一个文学家的文章，必定有由主题所展开的结构。读者能把握到他的结构，才算把握到他的思想。西方哲学家的思想结构，常即表现为他们的著作的结构。他们的著作的展开，即是他们思想的展开，这便使读者易于把握。但中国的思想家，很少是有意识地以有组织的文章结构来表达他们思想的结构，而常是把他们的中心论点，分散在许多文字单元中去；同时，在同一篇文字中又常关涉到许多观念、许多问题。即使在一篇文章或一段语录中是专谈某一观念、某一问题，但也常只谈到某一观念、某一问题、对某一特定的人或事所需要说明的某侧面，而很少下一种抽象的可以概括全般的定义或界说。”[①]这种现象导致了至少两个问题：一是影响思想家作品的完整性；一是增加了对于思想家作品的理解和把握的难度。今天我们经常遗憾于一些思想家的作品很难收集完整，年代久远、散佚损毁是一个无法回避的客观原因，但其最初呈现形式的多样化、多元化，也是一个不可忽略的重要因素。如果班固没有将《报任安书》作为传记资料运用在《汉书·司马迁传》中使之首次面世，我们无法想象：这封“自有文字以来第一书”是否能够得到完好的保存？关于《史记》撰写的这条提纲挈领式的宗旨，我们是否还有幸目睹和阅览？从这个意义上而言，思想家的作品最初被承载的形式，为其思想人为地构筑了边界，在有意无意间，将部分思想“遗留”在边界之外。我们今天的任务就是越出他们思想的边界，在边界之外探寻、采撷那些遗失的珍珠，努力为思想描摹相对完整完美的“形式”。

以上是这套丛书希望努力完成的一个任务。此外，还有一个希望，即努力为读者还原思想家们相对完整的生命角色。生命角色，是关涉传记的问题。现代传记理念认为，关于某个人的传记，其核心任务是要回答一个问题：他是谁？

“他是谁”是哲学的问题。1958年，汉娜·阿伦特在《人的境况》中认为，“他是谁（who）”里中心词“谁（who）”，其所要回答的是关于“人的差异性”。“人的差异就是人的独特性。的确，一切存在者都具有他者性（英otherness；德alteritas）。如果没有这种他者性，那么，就无法

① 徐复观：《中国思想史论集》，九州出版社2014年版，第2页。

将一个存在者同其他的存在者区别开来并加以认识……由于人能够觉察自己与其他个体之间的差异，因此，人的他者性和差异性（distinetness）便成为人的唯一性（uniqueness）。”[①]

简而言之，“他是谁”要回答的就是一个人区别于他者的唯一性。回到我们这套丛书中所讨论的思想家，他们的唯一性即是他们通过所创作的作品所传达的思想塑造了其区别于他者的差异性，如鲁迅所以区别于他者的差异性，在于其创作作品的唯一性，其他的思想家、作家亦是如此。他们的作品个性鲜明，各有各的独具无二的特色。由此而看，还原他们的生命角色似乎是非常简单的事情，我们绝不会把鲁迅的身份与茅盾的身份混淆、将郭沫若的身份与巴金的身份混淆。确实如此。但从如今所呈现出来的现象看，他们各自的角色并没有得到完整而准确的还原。如关于鲁迅。在大部分读者印象中鲁迅是作家，但大家并不太了解，除了作家，鲁迅还担任过公务员，还是左翼作家联盟的核心人物，也是一个忠实的美术爱好者，甚至是一个美食家，如此等等，他的多元生命角色并没有为多数人所了解。再如郭沫若。为大众所认识的身份是作家，但郭沫若同时还是古文字学家、历史学家、诗人、政治家，如此诸多的生命角色，大众还比较陌生，甚至由不了解而走向偏执的认识。之所以出现这样的现象，究其原因，更多在于后人尤其是相关学者、传记家在研究和介绍他们的作品、讲述他们生命故事的时候，有意或无意间，用自己个人的学术观点、偏见或

① 川崎修：《汉娜·阿伦特：公共性的复权》，斯日译，河北教育出版社 2002 年版，第 252 页。

学术局限性为他们原本统一而完整的生命故事设置诸多边界，将他们人生、思想分割为诸多领域、诸多板块，导致熟悉鲁迅作品的读者或许并不熟悉鲁迅作为美术家的身份，熟悉郭沫若诗歌的读者并不熟悉郭沫若作为历史学家的身份，等等。我们希望通过解读他们的书信，让他们自己讲述自己的生命角色，从而越过有意无意中人为设置的边界，能够走近更为完整的他们，还原他们本无边界的生命角色。

此外，需要补充的一点是，思想无形式无边界，是就其内容而言的，而作为人类精神文化遗产，思想的传承所需载体是有形式、有边界的，比如从人类最初记录文字用的岩石、龟片、贝壳、陶器、青铜器、动物皮革、锦帛、树木、竹子，到纸张，再到今天的电子设备，都是有形有边的载体。在这个意义上，无形式无边界的思想并不是真的无形式无边界。我们推出这套丛书，希望将以上二者融会在一起，兼而有之：一是为无边界的思想划定“边界”，在其无边界结束之处、在其“边界”开始之处探寻思想的火花碎片；一是为有边界的思想的载体增添新的品种，超越有限，探索无限。

段玉裁在《说文解字注》中对“界”字作了这样的解释：“界，竟也。竟俗本作境。今正。乐曲尽为竟。引申为凡边竟之称。”曲子停息之处为界，“界”这个字是伴随着不甘心、不情愿以及无奈的情绪而诞生的，是一个被情绪所催生的字，所以刘禹锡才哀叹“曲终人散空愁暮”。再优美的曲子终有停止之时，就此即有了竟，有了界，可是观赏的人还沉浸在曲子里不能自拔，如孔子在齐国初听韶乐般如痴如醉，从而亦有了遗憾、留恋和感伤。由此而言，乐曲的界是造成遗憾和感伤之所在，如想要达到完美或完整，需要超越音乐所停息之处的界；对于今天的我们而言，想要了解和走近思想家们，必须超越那些有形或无形的边界，才能够达到他们思想的真实和完满。

中国文艺的最高境界是言尽而意未尽，思想的最高境界亦是如此：于有边界之处超越边界，探寻思想的无界。

是为序。

2021年1月11日

北京

序：

旧时月色

彭　程

迄今为止，我与逄金一先生只见过一面，是在20世纪90年代的某一年，去济南出差时，更具体的缘由却早已忘记了。当时我们都在编报纸副刊，是同行，也因此建立了联系。此后通过信，谈不上频密，互相寄送过各自出版的新作，都是薄薄的一册。后来因为他工作调动，也就中断了联系。

不承想，因为这几封信，在二十多年不通音问之后，又再度结缘。因为名家去世引起的感慨，他想把自己做副刊编辑时联系的多位作者的来信汇总整理成一本书，作为一个纪念，于是便翻找出来，计有数十封，我的两封也忝列其中充数。当这些已经沉入记忆深处的什物重新浮现在眼前时，望着已经发黄起皱的信笺，他一定感受到了时光的广阔浩荡。

因为作者希望我为此书的出版写一点什么，我便也得以分享了这样一种感受。我一边读着，一边赞叹地想，他真是有心人呵！我当年做副刊编辑时，因为所供职的报纸在知识界的影响力，比起他来应该更有条件联系文学界名家，也的确曾与一些人有书信往来。像陈学昭、端木蕻良、鲁藜、刘绍棠、张中行等等，都曾经寄信给我，有的还不止一封，但我一向漫不经心，也缺乏保存收藏的意识，基本上都遗失了，信中所写的内容或者完全忘记，或者只有模糊的印象了。

但最好的回忆，显然也比不上白纸黑字的记录。这些信札，被翻拍成照片收入书中。信札的作者、作家或者学者，凡四十位。针对每个人的来信，逄金一都有一个“人物档案”和“信札故事”，前者扼要介绍了对方的身世著述，后者则交代了他与对方交往的情形，以及每封信的由来和所涉及的稿件的内容等。每一位作者当时正在从事的写作或研究，包括他们所关心的社会上或生活中的问题，都有所显示和介绍，有的还涉及一些历史事件、文坛内幕等，对此类内容感兴趣的读者，或可将它当作一条进行深入了解的线索。

这些信札，也在一定程度上流露出了写作者各自的个性。因为不曾想到过发表，只是为了把稿件或其他有关事情交代清楚，“辞达而已矣”，不用刻意雕琢或伪饰，故而每个作者的性情包括学养，像李瑛的细心、蓝翎的严谨、邵燕祥的真诚、肖复兴的幽默等等，也都在简短的篇幅甚至只言片语中有所显露，是一种十分自然的折射。

这些“信札故事”，既是记述，又是点评。记述还好说，材料就在那里，但由材料生发开来的评价，则考验言说者的功力。在这点上，作者展现了自己不俗的识见，对其中的每位作家学者，他都不乏深入且准确的理解，也因此得到了作者的信任和看重，这一点从很多信札的用语中都能看出来。副刊编辑和作者之间，产生过不少相知相契、声气相投的佳话，这本书的问世，无疑又会成为一个生动的例证。

这本书的另外一个重要价值，在于它为已经走向式微的书信文化提供了一种生动具体的佐证，一份曾经在场的档案，一个可资追怀的凭依。

信札的功效，当然首先是实用，但同时也很自然地被赋予了文学的浓郁情致，甚至发展成为文学尤其是古代文学中的一个门类，通常被称作尺牍文学。诵读柳宗元、苏东坡、明代三袁兄弟等人的信函，情意深湛，辞采摇曳，每觉齿颊生香。即便进入现代社会，有了电话和电报，在很长时间内通信仍然是最主要的交往方式。正如作者在“后记”里写到的，“那时候只有邮局与老式电话，绿色调的邮局稳稳当当，老电话机子让人备感妥帖温暖”。信函产生在这样的氛围中，因而行文中便携带了一种润泽、一种情味、一种温暖和惬意，总而言之，是一种属于自己的审美韵致。

但收入这部书里的信札，却是“最后的纸信时代”的留存了。它们被写就的时间，即20世纪90年代，是这种古老通讯方式的最后的辉煌。随着技术的发展，电子信函在新纪元到来之前的几年间兴起并迅速传播，很快就一统天下。

传统信札的衰颓无可避免，就仿佛电灯替代煤油灯一样，谁也无法阻拦，也没有必要阻拦，但记住和缅怀它们却是有意义的。以信笺为介质写出的一些东西，是电子信函中缺失的，譬如一笔一画中呈现出的书法之美。这些可见的物质形态之外，还有书写时的心情和姿态，投入到邮筒后的期盼和等待，与电子邮件的键盘打字和鼠标发送，是有着某种幽微的不同的。

因此，珍视它们，并因为珍视而收集起来，乃至像逄金一这样设法将其付梓成书，以期得到更好的保存，显然也是一桩极有价值、令人感念的事情。

时间过得飞快，看着便笺上自己潦草的字迹，真有些不敢相信已经是二十多年的旧事了。“记忆真是可怕！”我也和逄金一有同样的想法。他感叹说："过去仿佛是一片遗忘的汪洋大海，这些信便是大海中露出水面的一块块礁石，踩着它们，才能走回来时的路。"这个比喻颇为生动。相信那些信札的作者，也会生出这般感慨。他们从这些多半会遗忘了的文字中，瞥见了自己过往的生命中的某个片段。有不少作者已经作古，这些信札便成为他们曾经在人世生活过、感受过、思考过的微小却确凿的证据。

但我还想说，对于今天的读者来说，这些信札或许更像是一种属于往昔岁月的美好物事，月光一样霭霭地照着。我想到了南宋词人姜夔的名篇《暗香·旧时月色》中的句子："旧时月色，算几番照我，梅边吹笛？"

在迷蒙的月光之下，笛声依稀，微茫而动人。

（彭程，著名作家、评论家，《光明日报》原文艺部主任）

目 录

舒　芜

[人物档案]

舒芜（1922—2009），安徽桐城人。1937年考入高中时适逢抗战爆发，即参加抗日救亡活动，并为《桐报》主编副刊《十月》。1940年辍学，在湖北、四川等地农村任小学、中学教师。1944—1949年，历任国立女子和师范学院、江苏学院、南宁师范学院副教授、教授，进行文学、哲学的教学与研究。1945年初在胡风主编的《七月》上发表《论主观》一文，成为一场长达五年之久的文艺论争的主要焦点之一。这时期还创作了不少杂文，结为《挂剑集》。1949年后任广西文学艺术界联合会研究部部长、南宁市文联副主席、市人民政府委员会委员、南宁中学校长。1952年到北京，历任人民文学出版社编辑、编辑室副主任、编审。1979年开始任《中国社会科学》杂志社编审，致力于周作人研究。另著有《说梦录》、《挂剑新集》、《毋忘草》、《空白》、《书与现实》、《舒芜集》（共八卷）、《舒芜口述自传》等。

[信札故事]

舒芜先生跟我有七通书信，他分别写于1995年4月28日、1995年8月10日、1995年12月5日、1996年4月2日、1996年4月15

日、1996年6月15日、2000年12月11日。

1995年4月28日的信，舒芜主要谈了两个话题。

一个是认为“妇女问题，特别是中国社会上等有势力的反民主反科学的妇女观问题，现在还是大有可谈的”。这应该是我之前的信中，向他提出来关于在妇女问题上的“男性心理”“夫纲思想”话题的延续。而这个话题也是源于舒芜老先生先前的文章。我的原信件已不可查，除非舒芜老先生能保存下来。

另一个话题是关于侯井天的。侯先生当时是山东省委某部门的退休干部，痴迷聂绀弩（1903—1986）的诗作，业余时间为其旧体诗作注，自费出书，印过五六个版本，或者还要多，总之是一次比一次详尽。我曾为之写过一篇长篇通讯，刊发于《济南日报》，看样子应该是一起寄给了舒芜先生，他对此文及侯井天本人评价还比较高。

1995年8月10日的信，算得上是封长信了，有1200字之多。也主要是两个话题。主话题是作家荒芜（1916—1995）。当时我从《读书》杂志上读到了舒芜先生为荒芜《伐木日记》所写的长篇文章，深有感触，就给舒芜先生写信，此话题便由此而来。舒芜先生说我的信让他感动，他写那篇文章的原意，就是宣扬荒芜，“这个目的，看来未落空”，有几位朋友注意到了这篇文章，我是比较突出的一位。他因此觉得，他这样就可以告慰于亡友了。

之后他又论述了荒芜此人，关于他的清醒与有远见，以及最后三四年的万念俱灰，“或者什么也不看不写，不拆信，不接电话，以至不下床，成天看着秒针一秒一秒地走过，却是朋友们都不理解的”。

为了更方便叙述，这儿有必要多介绍一下荒芜此人。

荒芜，安徽凤台人（舒芜老乡）。1937年毕业于北京大学。1938年参加中华全国文艺界抗敌协会。曾任重庆《世界日报》副刊《明珠》主编、上海《文汇报》副刊编辑、外文出版社图书编辑部副主任、中国社会科学院外国文学研究所研究员（美国文学）等。1952年加入中国作家协会。1957年被划为右派，在黑龙江边境853农场劳动改造。1961年后在中国社会科学院文学研究所做资料员。1979年落实政策后重返外国文学研究岗位，1982年离休。

荒芜在外国文学翻译领域成就斐然，声名显赫。他1945年后翻译过三十余部作品，包括赛珍珠三部小说《新生》（即《高傲的心》）、《生命的旅途》、《沉默的人》。1948年译美国奥尼尔戏剧《悲悼》三部曲；与朱葆光合译英文诗集《朗费罗诗选》。1979—1982年译《奥尼尔剧作选》、《马尔兹中短篇小说集》、剧本《雨果先生》、马克·吐温《海外浪游记》、《麦凯自传》（即《远离家乡》）等。

1958年9月至1959年3月，荒芜在黑龙江东陲完达山原始森林中伐木，陆陆续续记了一些日记，约十万字。这部日记，在“文化大革命”期间被人抄走，下落不明。不料1980年11月间，有人发现了这部手稿，并用挂号信寄还给荒芜。荒芜1981年在书序中说：“旧稿失而复得，喜出望外。朝雪斧声，夕灯人语，认烛泪于行间，觅松针于页里。缅怀往事，感慨万千。爰加整理，以志雪泥鸿爪云尔。”

1995年，舒芜在荒芜去世后不久，重读其《伐木日记》，写下了散文名篇《让那伐木者醒来》，发表于《读书》杂志。

在1995年8月10日的这封信中，舒芜又谈到了对中国当代文学现状的认识，这也是我信中问及的问题。在此处，他提到了一个非常尖锐的观点："我早就耽心全人类要进入一个新的'千年黑暗时期'，即经济发达而心灵黑暗的时期，'经济动物'的时期。这些年越看越是这么一回事。"这当然是个大话题，他的结论也未必正确，但却振聋发聩，让人神提。

他的这封信，经我编辑之后，发表于《济南日报》。舒芜1995年12月5日的信就提到了这次发表的事，他很平和地指出了一些格式上的小毛病，还有关于删掉的部分的看法。

1996年4月2日的信，舒芜谈的是《那不是我的文章》。这是一篇谴责《炎黄春秋》杂志的文章，我所在的《济南日报》在刊发时，按领导要求，删掉了原文中可能引起争议的部分，舒芜先生来信谈的就是对所删部分的看法。这封信的重要性还在于，它把我报所删节的部分全部复原了出来，使读者得以见到舒芜先生的关切所在。

1996年4月15日信与1996年6月15日信可连在一起看，舒芜先生希望发表他对《炎黄春秋》的最新声明，前者是以"读者来信"的方式写就的，明显的是为了方便我刊登，从而也看出他对报纸编辑工作的熟悉与体贴。

2000年12月11日，我收到了舒芜先生给我的最后一封信。这是极有意思与极其宝贵的一封信。此时的舒芜先生，已是接近八十岁的老人了，居然开始使用打印机打字！而且他的打印信用的是竖体版的。我想，手写竖体版的信，这世界上肯定还会有一些人在写，但竖体版的打印信外加手写签名，那时全中国（除去港澳台），恐怕只有舒芜先生有此种风格的吧！所以说这是一封独一无二的信，似也不为过。

舒芜先生在这封信中，提到了我寄给他的两本书《沙里的思想》与《天堂心曲》，并回答了我的一些提问。他写道："近一二十年来，我的思考范围日益狭窄……我只能如先生已经注意到的，随时谈谈妇女问题，谈来谈去，其实也只是发挥知堂的两句话，一是：'读中国男子所为文，欲知其见识高下，有一捷法，即看其对佛法以及女人如何说法，即已了然无遁形矣。'一是：'女人小孩子与农民恐怕永远是被损害与侮辱，不，或是被利用的，无论在某一时代会尊女人为圣母，比小孩子天使，称农民是主公，结果总还是士大夫吸了血去。'这两句话合在一起看，成了一个钻不出的悲观的怪圈，此而不能解决，什么都无从谈起。"

舒芜先生谈妇女问题，其实谈的是中国文化，谈的是中国本身。或者说，谈中国文化或中国本身，他发现了一个最佳、最深刻的切入点：妇女问题。而谈到这一点，他又是那样地谦虚，一切归宗、归功于周作人。

总结舒芜先生给我的这几封信，我自然而然地有这样几点粗浅的认知：这是一位极其严谨的学者；他对错误，对不确切的事情，会追究到底，毫不放松（他的这一性格有点类似于法家，而非儒家？），总而言之，他是一位疾恶如仇的人；他对友人是深情而尽职尽责的；他的见解总是有独特而深刻的地方；从通信方式的流变上，也可见他是大陆传统书信最后一批使用者，但他又刚刚接触到了电脑与打印机，处于新时代的一个入口处。他在这个巨大而幽深的入口处徘徊，大约也想继续往前走，但他的生命力却又有些勉强了。

我终于没有收到舒芜先生的电子信，甚至我怀疑他老人家并没有自己的电子信箱。在新的通信方式大规模地到来之时，他遗憾地离开了我们，仿佛也是对这种崭新通信方式的决绝摒弃。

舒芜先生发表于《济南日报》上的文章，至少还有《“这个不是亲丈夫”》（1997年7月21日）和《魏公何以好犬》（1997年12月28日）等。

中国社会科学　　SOCIAL SCIENCES IN CHINA
Journal of the Chinese Academy of Social Sciences
北京 100720　鼓楼西大街甲158号　　Jia 158, Gulouxidajie, Beijing 100720, PRC

金一先生：

四月二十日手教及贵报两期奉悉，谢谢。

关于"男性心理""夫纲思想"的两篇小文得到您的注意，我很高兴。妇女问题，特别是中国社会上尚有势力的反民主反科学的妇女观问题，现在还是大有可谈的，我今后有机会当还要谈，希望您多多指教。

尊作侯井天访问记，我以为写得很好，全面，扼要，有分寸，事实都很准确。侯井天先生这个人，也确实值得向社会介绍，以见有理想有追求的，仍是大有人在也。

承命投稿，手头一时没有，将来有合适的，再寄请审正。

我早已退休在家，我家的电话是：2255771—30，因为一个总机许多分机，常常不好打。

尚此布复，顺问

编祺！

舒芜

1985.4.28

第　页共 1 页

金一先生：

七月卅一日长信，接到已好些日子了，忙于看一部书稿的校样，迟至现在才回信，很是抱歉，尚祈原谅。

来信使我感动，但过奖之处，实不敢当。荒芜《伐木日记》原文太好，我不过是把十篇揉合在一起，摘抄重编了一下，意在使人注意这部未完成的杰作，一切好处都是原文就有的，我的摘抄重编很可能徒损原文之丰满完整而已。我实在痛惜此杰作之未能完成，故不避"文抄公"之嫌，为之传扬，让世间多一些人知道，稍补遗憾。这个目的，看来未落空，注意到我的介绍的，已有几位朋友，您是很突出的一位，这样我就觉得稍可告慰于亡友了。

您注意到荒芜当时就那么有远见，主动积极地为将来的写作搜集素材，这一点确实很重要。老实说，我比起来，就殊不如。我作为"右派"受的处分较他轻些，始终留在原机关"监督使用"，没有流放劳改过。我的心思，主要是兢兢业业地做好工作，时刻检点思想，力

（电开21） 20×20=400

第 页共 2 页

求合乎规矩，以争取早日"改造好"。我当时哪敢有一点点想到"那个时代的不人性"，哪敢有一点点搜集材料记下不人性的时代的念头！所以对于荒芜的清醒和远见，我也是极为佩服的。如果他无此清醒和远见，也不会看到这么多"如此平常然而震撼人心的事情"，别人很可能习焉不察，视而不见的。

但是，荒芜那时那么清醒自信，最后三四年何以那么万念俱灰，成天什么也不看不写，不拆信，不接电话，以至不下床，成天看着秒针一秒一秒地走过，（其中当然也会包含根本想不到把《伐木日记》完成之事，）却是朋友们都不理解的。大家谈起来，虽觉得此中原因甚为复杂，如我的文中所云，"家国万端，说不清楚"，但有一点可以肯定：他是对现实仍有大理想，而现实又使他大失望，乃始至此。若已满足，或虽未满足而世故抛却一切理想幻想，则世间混得很高兴的人正多，又何必那么"自绝于"人间实乎慢性自杀乎？我之特别痛惜《伐木日记》未成，亦以此也。

（电开21）20×20=400

第　页共 3 页

承问文学现状，我说不出什么来。当代文学作品，我读得极少，朦胧地感到近似一片灰色。有人叹息文学失去"轰动效应"。有人说失去是正常的。近来又有人呼唤理想、崇高、人文精神。有人又嘲笑这种呼唤。有人热心树新旗号：新时期，新状态，后现代，等等。我早就耽心全人类要进入一个新的"千年黑暗时期"，即经济发达而心灵黑暗的时期，"经济动物"的时期。这些年越看越是这么一回事了。新加坡以鞭刑来维持"小龙"，是典型的新黑暗。而我们方艳羡新加坡不已。李光耀是什么世界儒学会名誉会长，而我们也在曲阜大祭孔。皆可以深长思之。如果新的"千年黑暗"真要来，当然非吾人力所能拒。欧洲千年黑暗之中，仍有少数清醒者，以生命点燃起星星点点的亮光，为后来的文艺复兴的遥遥先驱，至今为人所感激。我们生今之日，大约也只能努力做到点起星星点点的亮光，以待将来的人了吧。说这些无异于空话，未能答复您的问题，仍希原谅。

即颂　文祉。

舒芜 1995.8.20

（电开21）20×20=400

第　页

金一先生：

十月十六日手教及样报两份收到，谢谢。信既写了出来，倒也不是不可发表，只是无甚价值，又草草不文，徒然浪费篇幅。

关于李光耀，大概是说他是世界儒学会名誉会长之类吧，删去也罢。但我大概还说了对“新儒学”的不满，下面才接得上部的“千年黑暗”等等，现在这中间的话删去了，不免接得突兀一些了。

信的末尾原话是

> 尚此布复，顺颂
>
> 文祺。

这才合乎格式，也才成话；今删去“尚此布复，顺颂”一行，不合格式，句亦不完了。又原文题为《让那些木乃伊醒来》，而编者按语述及时

中国社会科学编辑部　　15×20=300

第　　页

漏"那"字，还未见鲁迅诗题本会看得奇怪，向壹而不出定也。

这些当然都是小毛病，我只是想到了，随便谈谈。

承命投稿，自当在心，只是我写得很慢，出品很少，一时拿不出来，待有合适的呈教。

高与布复，顺颂

文祉。

舒芜上 1995.12.5

中国社会科学编辑部　　15×20=300

中国社会科学杂志社

金一先生：

收到三月十八日样报二份，拙作《那不是我的文章》这么快就刊出，很感谢。

但倒数第二段之尾，原有"我只请该刊代我声明：一、这样一篇开口就错，缺乏起码知识，回避原则问题，态度暧昧，语法不通，修辞不妥的文章，无论好坏，只好请动笔删改的责任编辑负责；二、因此，我不能接受稿酬。"这几句，原是一篇的集中之点，现在却漏排，使得《那不是我的文章》题目中没有着落，似乎不太好，不知能否代为补正一下。

言此布达，顺颂

编祺！

舒芜

1986.4.2

第 1 页

《书林》编辑部：

我的《那不是我的文章》一文，能在1986年 月 日贵刊上发表，很感谢。但我的原稿上，末段之前有这样一小段：

我已请《炎黄春秋》替我公开声明两点：一、现在这样开口就错，无起码知识，回避原则问题，态度暧昧，语法不通，修辞不妥的文章，我不能负责，只能请动笔删改的责任编辑负责。二、因此，我也不能接受稿酬。

在贵刊上登出时却没有了，不知是漏排而未校出，还是被删去了。这一段原是我文章的"焦点"，说了许多之后，集中到这两点；现在没有了，与我的本意很不相同。若不是漏排而是删去的，我觉得很有意思。我的文章是为了《

中国社会科学编辑部 15×20=300

第2页

炎黄春秋》将我的另一篇文章删改得面目全非而写的，而恰恰正是此文，又在贵刊被删去了最紧要的一段，这不是很有意思的吗？

我从不在境内报刊上一稿多投，但此文带有"广而告之"的性质，情况不同。所以在贵刊之后，又有《光明日报》、《文汇读书周报》相继将此文发表，香港《大公报》上也发表了，幸而都未删去这一段。（今后也许还有几家报刊要发表。）济南当然有这些报刊的读者，但也会有只看贵报而不看这些报刊的。所以，此函倘蒙在贵刊上登出，向济南的读者作一交待，则幸甚幸甚。

专此布达，即颂

编祺。

舒芜

1996年4月15日

中国社会科学编辑部　　15×20＝300

中国社会科学杂志社

金一兄：

四月七日信，昨日（14日）才收到，济南邮戳是十二日，大约收发室耽搁了。

文章删去，很有意思。我想不必再写文，只写了一信，看能登出否。信中发表月日空着，好请代填一下，为荷：

不另

偏劳。

舒芜上
1996.6.15

日前卢新兄来访，照了两张照片。兄如到近常观，可当面晤。

又及

金一先生：

十一月二十九日 手教，另包 惠赠大著《沙里的思想》、《天堂心曲》先后拜奉，容俟细读请教，先此致谢。

大礼奖许太过太过，万不敢承。自知少年失学，白首无成，常识芜杂，国文半通而已，如果岁月可以倒流，当加倍勤奋，稍补蹉跎，可是事实上只能他生来卜此生休，岂敢妄当 品题？即如 先生一本一本读完二十四史、诸子百家的功夫，我就何能梦见？ 先生还要下问，我当敬佩学习如此谦德，同时又觉得是在难题面前应考似的。

近一二十年来，我的思考范围日益狭窄，天下国家，古往今来，这些大问题，我很少去想，觉得无此能力，不如让年富力强、有学有才的学者们去研究。我只能如 先生已经注意到的，随时谈谈妇女问题，谈来谈去，其实也只是发挥知堂的两句话，一是：“读中国男子所为文，欲知其见识高下，有一捷法，即看其对佛法以及女人如何说法，即已了然无遁形矣。”一是：“女人小孩与农民恐怕永远是被损害与侮辱，不，或是被利用的，无论在某一时代会尊女人为圣母，比小孩于天使，称农民是主公，结果总还是士大夫吸了血去”。这两句话合在一起看，成了一个钻不出的悲观的怪圈，此而不能解决，什么都无从谈起。所以， 尊函垂询的“对于中国文化最根本的一些东西的认识”，久不在我思考的范围之内，实在只好交白卷了。务求原谅，为荷。

专此布复，顺颂

文祺。 二千年十二月十一日 舒芜上

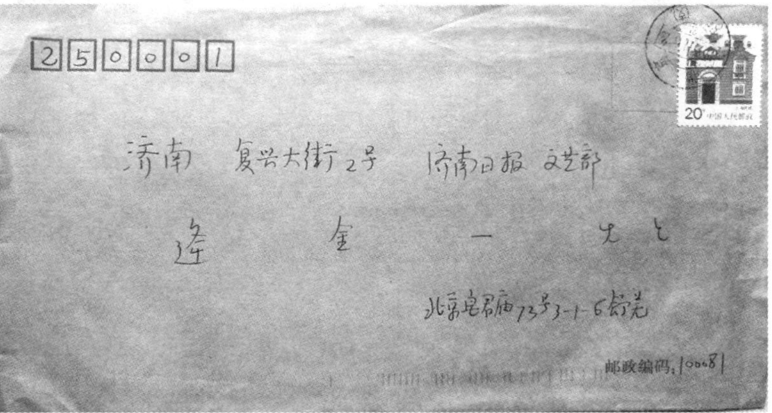

250001

收信人名址：济南 经七路东首

济南日报社

徐金一先生

寄信人名址：北京皂君庙73号3-1-6舒芜

邮政编码：100081

250001

济南 经七路东首

济南日报

徐金一先生

北京皂君庙73号3-1-6舒芜

邮政编码 100081

李 瑛

[人物档案]

李瑛（1926—2019），河北省丰润县人。曾任解放军总政文化部部长、中国作家协会主席团委员、中国文艺界联合会副主席等职。李瑛出版过五十四部诗集，有多部长诗和组诗获过多种奖项。其作品《我骄傲，我是一棵树》曾获1983年首届全国诗集评选一等奖，诗集《生命是一片叶子》获首届鲁迅文学奖诗歌奖，《我的中国》获全国优秀图书奖。

[信札故事]

2002年，经热心的诗人兼诗评家吴开晋（1934—2019）先生介绍，李瑛先生给我寄来了他的两本书，并附信一封。这两本签名书，一本是《生命是一片叶子》，一本是《日本之旅》，前者即是曾获得鲁迅文学奖的那本代表作，是非常珍贵的礼物，让我窃喜甚久。他在信中还期许："未来的事业总是要寄希望于年轻的朋友，衷心祝愿你取得新成就。"

这不久，我给李瑛先生寄去了我的两本小书，他居然又给我回了一封信，告诉我已收到两书，容后细读，请先释怀为盼。

李瑛老先生那年七十七岁，这样细心周到，这样厚爱年轻人，让我永远铭记于心、感念于心。

诗刊社　地址：北京农展馆南里十号中国文联大楼五层
邮编：100026

逢金一同志：

你好！

接吴开晋同志一信，说你很喜爱我的诗，并出版过诗集、和文集，感到高兴。未来的世界总是在掌握于年轻的朋友，衷心祝愿你取得新成就。

这里寄去《生命是一片叶子》和另一本《日本之旅》小书，请指正，并留念。都是旧作了，《生》曾获鲁迅文学奖的。

收到后请简复，以释念。（因时下寄书刊常有丢失）我的地址：100011，北京安外安德里北街21号30号楼

此致

敬礼！

李瑛

6.28.

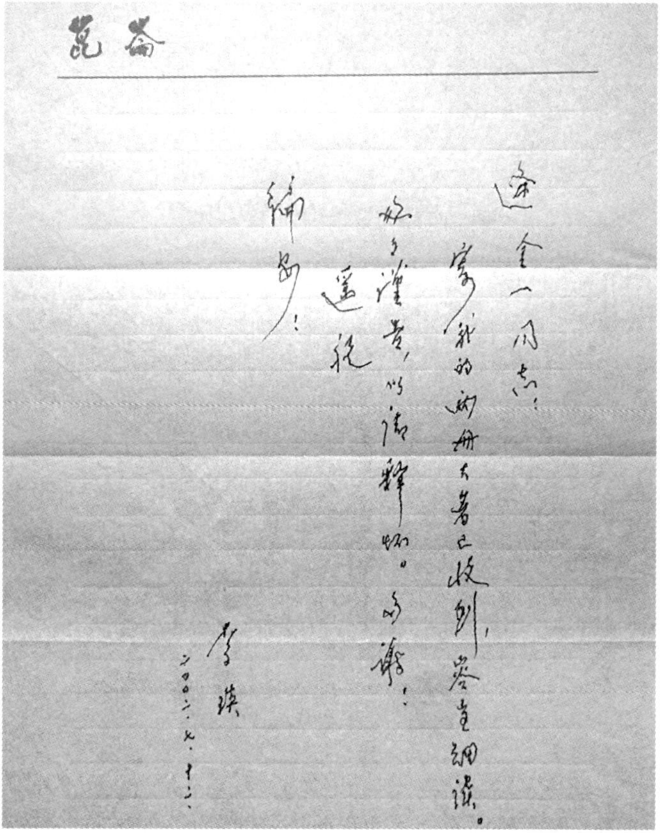

逯金一同志：

寄我的两册大著已收到，容当细读。

好书谨赏，以诗释怀。两谢！

遥祝

编安！

李瑛

二〇〇二.九.十二

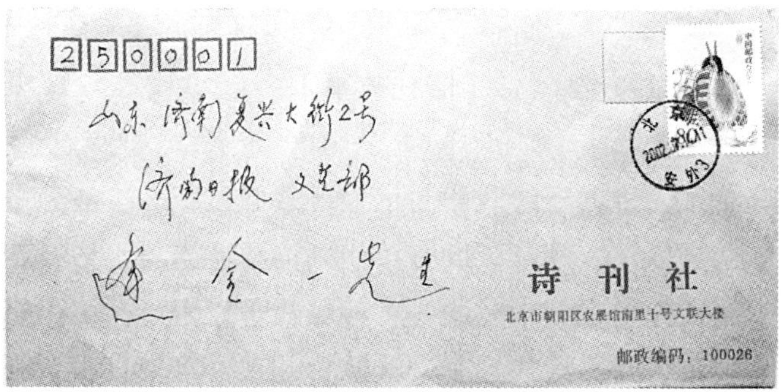

250001

山东济南复兴大街2号

济南日报 文艺部

逯金一先生

诗刊社

北京市朝阳区农展馆南里十号文联大楼

邮政编码：100026

李希凡

[人物档案]

李希凡（1927—2018），北京通州人，祖籍浙江绍兴。1953年毕业于山东大学中文系，1954年又毕业于中国人民大学哲学研究班。历任《人民日报》文艺部编辑、评论组长、副主任、常务副主任，中国艺术研究院常务副院长，研究员。全国第二届、第八届政协委员，全国第四届人大代表，中共十三大、十四大代表。李希凡1949年开始发表作品。1954年加入中国作家协会。著有《红楼梦评论集》《弦外集》《论“人”和“现实”》《管见集》《论中国古典小说的艺术形象》《寸心集》《题材•思想•艺术》《红楼梦艺术世界》《李希凡文学评论选》《文艺漫笔》《文艺漫笔续编》《燕泥集》《说情》《冬草》《艺文絮语》《沉沙集》，主编《红楼梦大辞典》《中华艺术通史》等。

[信札故事]

李希凡先生曾寄给我一封信，还曾给过我一本签名版《冬草》。这封信只有月日，没有年代，推测应当写于1998年或更晚。李希凡先生在信中感谢我替他翻找曾发表于《济南日报》的三篇文章，因我没找到，又让二女儿来《济南日报》继续查找，请我协助她一下。

信中还提到他写了几篇童年回忆，并寄我一篇，请我发表在《济南日报》上。可惜此文我也暂时还没查到。

在我之前，《济南日报》副刊《趵突》编辑是任晓峰，后来她不幸得了绝症，我便暂时把《趵突》副刊接了一段时间。李希凡信中提到晓峰是他校友的女儿，那当然是指著名的文学评论家任孚先（1935—2015）先生了。

随信寄来的童年记忆文章虽然暂时没有查找到，但我碰巧找到了李希凡先生经我手发表的另一篇文章：《创作需要灵气儿》。

这是一篇为著名作家、教授马瑞芳散文集《假如我很有钱》写的序言。因为比较长，我分两期刊出，时间是在1995年11月份。文中有一段是常被马老师所引用的：

> 对马瑞芳的散文创作，十年前我曾有过这样的评论："文笔流畅，感情激越，色调清新明朗，用语遣词华丽、俏皮、幽默、泼辣，是她的长处；而蕴藉平实不足，又是她的短处。"现在我却不能不把这"短处"的说法收回了。马瑞芳的"艺术掌握"的范围十分宽广，古典小说研究、散文、小说以至随笔、杂文的创作，几乎没有她不涉足的领域，而且个性特点突出。她虽主要生活在课堂与校园，但她"凝眸"关注的现实，却不局限于课堂与校园。臧克家同志给马瑞芳的随笔集《野狐禅》写了这样的题词："随笔，似不经意，但从中可以看出作者的性格、情趣和修养，

瑞芳同志是我很欣赏的散文名家，从她的随笔中透露出不凡的才华。”我很赞同克家同志的这个评价。创作需要“灵气儿”。生活本来就存在着诗意的美，但只有敏感的艺术家，才能感受、捕捉，并烛照出它的底蕴。这样的灵气儿，不是人人都具备的，至少，我就没有。

此文后来收入东方出版中心出版的《李希凡文集》，文集中当然也收入了李希凡的那些关于童年记忆的文章，只是还不能确知他当时寄给我的是哪一篇。

中国艺术研究院

逢金一同志：

你好。

谢谢你费心替我找文章，这是麻烦事。我倒是没有记错，因为《尼姑》、《老泳》、《父亲》是一起写出，一起寄给小任同志的，她也是陆续发表的，而且《尼姑》是第一篇，只是发表时间记不清了，但此文都是1993年11月写出的，我是12月寄出的，如是1994年没有，也可能在93年12月的，不过，不能再麻烦你了，我已让我二女儿李芹去济南日报查，请协助她找到报纸，让她来查。

春节期间病目，不能阅读，也为了一本散文集的出版，补写了几篇童年回忆，寄上一篇，看能否在《济南日报》发表一下

中国艺术研究院

小任同志我没见过，她是一位很热情的编辑，又是我校友的女儿，95年失去了联系，没想到她青春夭亡，实是可惜！

谢谢！

编安

李希凡
四月七日

蓝 翎

[人物档案]

蓝翎（1931—2005），山东单县人。1953年毕业于山东大学中文系。1954年开始发表作品。历任《人民日报》文艺编辑部编辑、河南省文联编辑、郑州大学副教授、《人民日报》文艺部主任和报社纪律检查委员会副书记、中国作协理事、中国红楼梦学会秘书长。著有专著《红楼梦评论集》（合作），文学评论集《断续集》《金台集》《风中观草》《龙卷风》，杂文集《了了集》《静观默想》，论文集《红楼梦简论》（合作）等。

[信札故事]

蓝翎先生至少给我投寄过两篇稿件，一篇是发表于1995年11月21日的《何必声明》，一篇是发表于1997年9月21日的《走出误区》，而我保存了底稿的却只有这篇《何必声明》。

这是一篇杂文。文章先从小说家纷纷声明自己的小说“纯属虚构，请勿对号入座”的现实情况出发，指出这已成为“一种流行的恐慌症”。

接着，作者又从小说的虚构性，讲到“文化大革命”一声令下、一锤定性，再讲到清代残酷的文字狱，一层层地深入进来，让人触目惊心，不能不收心细读。

文章中间，作者蔓延洇展开来，又从更广远的历史与小说角度，提到了《儒林外史》明明写清朝，却假托是明朝；提到了《红楼梦》也假托是录自大荒山一块石头上的记载，言之并非写实，而是太虚幻境中的事情。蓝翎以为这皆是聪明的“声明”。

蓝翎又继续从文化心理的角度进行了解说，指出中国人历来好“微言大义”“春秋笔法”“皮里阳秋”，一些人往往会有“探隐癖”。文化上的解读还好说一些，最关键、最担心的是政治上的构陷或法律上的无理取闹（控告侵犯名誉，要求巨额赔偿）。

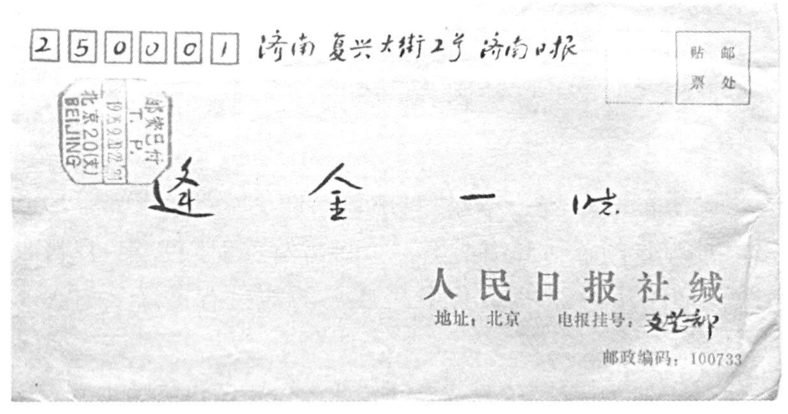

文章最后，蓝翎还是鼓励作者们“坚持走自己的路”，相信正义的力量，连声明也不必声明。

这篇文章论述饱满，从历史、政治、文化心理、现实多个角度去探寻发生问题之因与解决问题之道，语调沉着，叙述从容有度，给读者的启发是极大的。

蓝翎笔迹清秀，是严谨工整的蝇头小楷，让人赏心悦目。还有，此文修改的痕迹也清晰可见，先以毛笔写成，继之以红墨水笔、圆珠笔、蓝黑钢笔多重修改，层次异常分明，是一个非常难得、堪为范本的创作与修订的文本例子。

而本先公开声明：「纯属虚构」，作说占百分之多少？有的

电视台播出连续剧■，也打出这样的字幕声明，可见已非个别现象，成了某种流行的恐慌症。

小说本来就是「纯属虚构」的，这已属于中外皆知的文学常识。读小说就是读「闲书」。谁会把小说当历史实来看？即使读历史小说，也并不想代替读历史。这是两回事。所以在小说本文前声明「纯属虚构」纯属多余。只有「请勿对号入座」才道出了作者的本心。这句话准确的意思是请别来找麻烦，因为那「纯属虚构」，并无所实指，即使找麻烦也不认帐！写小说先要设防，用心苦矣！无可奈何矣！可悲也矣！

我看，这样的声明也不过说说而已。说了也等于白说。

人民文学出版社稿纸 （24×25＝600）

何必声明

蓝翎

第1页

想在双休日（准确地说，单休日和双休日对于我都无所谓，已经"离职休养"多年，属"全休人员"）读点"闲书"，于周末不加任何选择地请朋友借给了四本。略加翻阅，发现有两本在正文之前都印有作者的声明。其一曰："本篇故事纯属虚构"；其二曰："情节纯属虚构，请勿对号入座"。心情为之一沉，驱散了读"闲书"的轻松之感。

不好以此按百分比推测作者的创作心态。四本书里还有一本当代科学家的传记，其他三本都是长篇小说。传记当然是写实，用不着声明"纯属虚构"，但是，如果其中涉及到一些不令人恭维的人和事，闹不好也会有人前来自动"对号入座"的。这不是推想，不少报告文学就曾惹起过麻烦，长期纠缠不清，甚至对簿公堂打官司。这三本小说就有

《儒林外史》明明写的是清朝文人的种种丑态，作者却假托那是三百年前明朝初期的事。《红楼梦》的作者更聪明，书一开头就说明不涉及朝政，连故事发生的时代地点都不可考，是从大荒山的一块石头上的记载抄下来的。曹雪芹那时还不流行"纯属虚构"的概念，但他能"虚构"出"太虚幻境"，比现在作者的声明要巧妙得多。由此也可见，小说作者发声明由来已久，非今日之所发明也。

中国历来爱读"闲书"的人不少。但对于"闲书"的小说的观念理解却欠发达，总疑心小说与现实社会中的人事有某种"猫腻"，因而引发探隐癖，想窥探出其中的奥秘来。这大概是受了所谓"微言大义"、"皮里阳秋"的传统史家笔法的影响，把小说误当史书读了。所以当《红楼

人民文学出版社稿纸 (24×25=600)

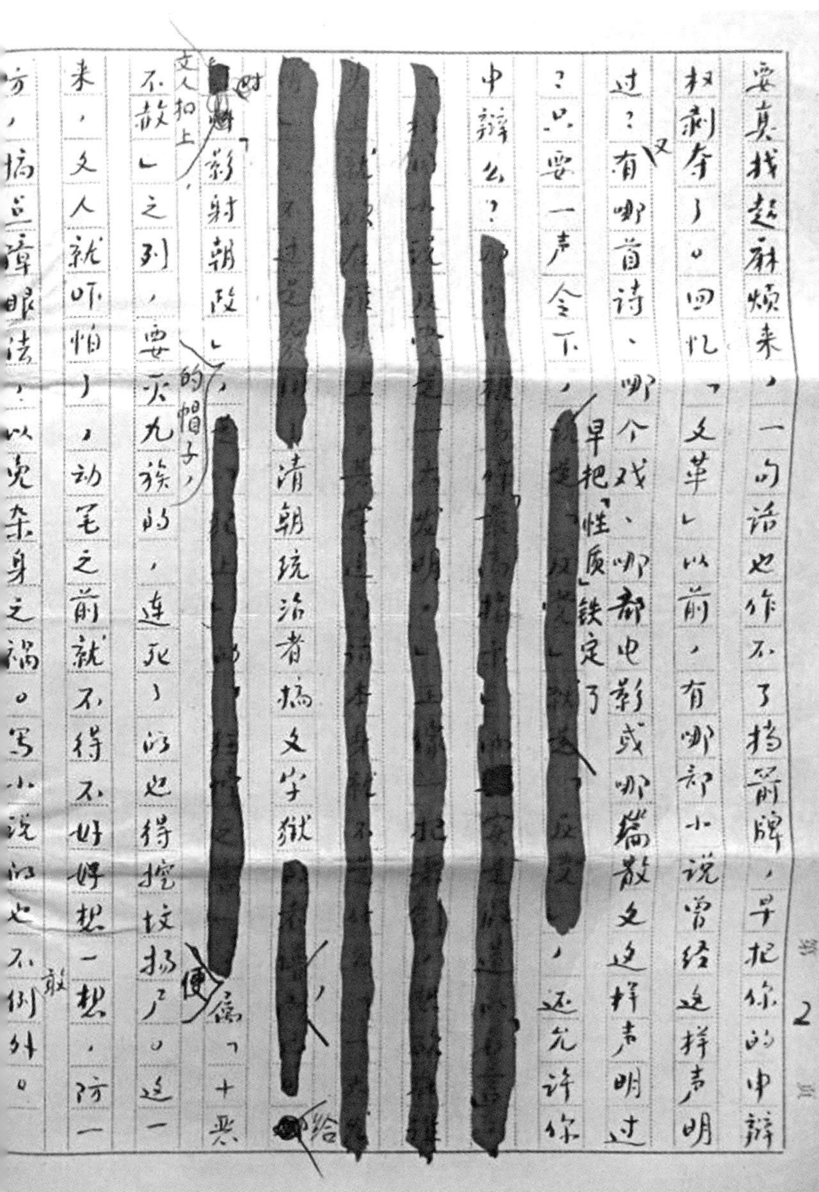
要真找起麻烦来，一句话也作不了挡箭牌，早把你的申辩权剥夺了。回忆「文革」以前，有哪部小说曾经这样声明过？有哪首诗、哪个戏、哪部电影或哪篇散文这样声明过？只要一声令下，又早把「性质」铁定了[illegible]反党，还允许你申辩么？[illegible]

[illegible]清朝统治者搞文字狱[illegible]，给文人扣上「影射朝政」的帽子，[illegible]便[illegible]「十恶不赦」之列，要灭九族的，连死了的也得挖坟掘尸。这一来，文人就吓怕了，动笔之前就不得不好好想一想，防一万，搞点障眼法，以免杀身之祸。写小说的也不敢例外。

、要求赔偿损失若干万元云云。这样一来，作者如何不……

得了。所以，有的作者在作品问世之时先发「纯属虚构」之类的声明，完全是不得已而为之，但由此却可看出写作的艰难，还未能进入自由的心态。

声明一下就能防患于未然么？我看也是于事无补，费精神。何况读者也有习惯势力，你越说是「虚构」，人家越疑心是「实有」，逆向思维，把你的声明误解为「此地无银三百两」，适与愿望相违。

写小说的何时才能打消此种顾虑，读者何时才能轻松地把「闲书」当「闲书」看，那时的文坛就真正太平无事了。

何必怕呢。怕了也没用。要么不写，要么干脆别发声明。

管他呢，大胆走自己的路。「对号入座」者是寻找坏「座位，自己心里不踏实，有鬼，心虚，又怕他何？

梦》这样的小说一出，就引来种种的「索引」或「抉微」，指出书中的某人某事即现实中的某人某事，搞得真真假假，扑朔迷离。久而久之，形成了某种老是解不开的欣赏情结。甚至到了「五四运动」以后，鲁迅写出了《阿Q正传》，不是还有人自动「对号入座」，疑神疑鬼，惶惶不安吗？

但是，如果事情仅止于此，作者也不会把这当回事，我写我的，随你怎么理解好了。问题在于，好事之徒往往借影射之说从政治上构陷作者，这就不能不引起作者的「余悸」或「预悸」之危了。「文革」前的旧案不计其数，且已平反昭雪，可以存而不说。但「文革」以后，阴魂并未绝迹，时有发难。然今非昔比，旧谱失灵，幸未形成大难。不过小麻烦还是有的，动不动就「对号入座」，告作者侵犯名誉

3

峻　青

[人物档案]

峻青（1922—2019），山东省海阳市人，参加过抗日战争、解放战争。20世纪40年代开始发表作品。1955年加入中国作家协会。著有《黎明的河边》《海啸》《血衣》等小说。中国作家协会第二、三、四届理事。曾任上海作家协会副主席、代理党组书记，《文学报》主编。

[信札故事]

峻青老先生给我写这封信的时候，“身体不好，手抖不已，写字困难”，真的是难为老先生了。但即使是在这种情况下，他还是给我寄来了一篇长达三千余字的散文《搭桥人》，让我心有戚戚焉。我随后以两期的形式，刊发于1997年1月14日与28日的《济南日报》副刊《趵突》。

这篇文章写的是香港作家王一桃先生。

文章从王一桃给他寄的两本书《香港文学之桥》《香港艺术之桥》出发，联想到版画家古元的木刻《十人桥》，进而把王一桃比喻为海内外文学艺术界朋友们的“搭桥人”。峻青先生列举大量事实，通过王一桃数量惊人的文学创作和积极参加各地文学活动的活跃度，给读者重现了一个具有“火一般的热情和金子般清纯宝贵的心”的立体生动的王一桃形象。

记得峻青老先生还曾给我打过电话，知道我也是胶东人氏，说他对胶南（2012年合并入青岛市黄岛区）也很熟悉，曾到过胶南，好像还说他在那儿住过一段时间，等等。

《上海文论》杂志社

上海淮海中路622弄7号455室

电话：3271170×2455 邮编：200020

金一同志：

你好。

你寄来的文好赠报均已收到了，谢谢你！

很抱歉，本想早应你之约，为你的副刊写点东西，因为体不好，手脚不灵，写字困难，一直拖延至今。现寄来一篇，请你审阅，约有三千多字，是否适宜了一想，如你的幅刊不适用，就请你转给其他同志，或退还给我亦可。

祝

新年愉快！

峻青

九六、十二月

廿四日

邓友梅

[人物档案]

邓友梅，1931年生于天津，祖籍山东省平原县邓庄村。中国作协名誉副主席、著名作家。1942年参加抗战，1945年到新四军任文工团员、见习记者。1950年调到北京文联工作。1956年发表小说《在悬崖上》，引起轰动。另著有《我们的军长》《话说陶然亭》《追赶队伍的女兵们》《烟壶》《那五》等中短篇小说名作。曾连续五年获全国优秀中短篇小说奖。

[信札故事]

邓友梅老先生给我的这封信很短，所包含的信息却很丰富。

首先是他的称呼。他称“逄、任二位大编辑”，而不是中规中矩地称“同志”，或微妙一点地称“先生”，这表现出的是他的亲切、幽默与无拘无束，我们大约可称之为这正是文人的样子吧。其中的“任”是指晓峰大姐，在她生病、治病期间，有一段时间，由我来协助她编辑副刊《趵突》。

其次是这封信的来龙去脉。邓友梅也真是爽直之人，信中第一句就点明是接到了刘玉民的电话，代我们两个向他约稿的。刘玉民时为济南市作协副主席，创作正在旺盛之时，他与邓友梅相熟，我们也正是借重于这层关系，请他出面，为我们文学副刊约的稿。

再次是邓友梅的现状。就三个字："我太忙。"这三个字包含的题外之意自然很多了，因为很忙，所以只写了三个字。因为写了三个字，所以更显其忙。

最后是所寄文章的内容。这是他临时应邀现写的，主题是写香港回归。1997年，全国上下都洋溢着一种自豪感，那是因为香港的回归。这一年，报刊之上，关于香港的内容尤其多，气氛仿佛持续不间断地过节一般。

邓友梅极谦虚，这篇文章是我们约他写的，是必发之文、重头之稿，但他却不忘记缀上一句："供一阅"。这细微之处体现的是老先生的谦和、平静，一点也不咄咄逼人。

这篇文章实则非常重要，即使放到今天来读，也会有很多感慨与受益。它写英国人征服过香港的土地，却从没征服过香港人的心，因为这其中很重要的一个原因就在于中国文化的凝聚力。它还提到了香港文学史，认为香港有文学，要从抗战时算起，邓友梅于是从茅盾一直数到了金庸、梁羽生。这篇文章更为重要的是，它提出了文学上的"一国两制"，以及香港文学当时的状态、体制上的长处与短处，纯文学在香港无法生存，香港作家生活的拮据等等，一大批信息，非常开眼而富有建设性。

这封信字不多，却刚好排满一整张纸，天庭饱满，地阁方圆，布局天然好看。也许我们能从中看出邓友梅老先生是一个很有格局的人呢。

中国作家协会

逢、化二位大编辑：

接到王民同志电话，代你们约稿，我太忙，临时选了一篇写香港回归的散文，供一阅。

来信寄

100011

北京安外东河沿8号楼

1801

祝

好

邓友梅

4.12

周汝昌

[人物档案]

周汝昌（1918—2012），生于天津。红学家、古典文学研究家，是继胡适等诸先生之后新中国红学研究第一人，考证派主力和集大成者，被誉为当代“红学泰斗”。其红学代表作《红楼梦新证》是红学史上一部具有开创和划时代意义的重要著作，奠定了现当代红学研究的坚实基础。另在诗词、书法等领域所下功夫甚深，贡献突出，曾编订撰写了60多部专著。

[信札故事]

周汝昌先生的这篇《红楼佚貂本事序》，发表于1996年9月2日的《济南日报》。

作为序言来讲，这是一篇品质上乘的佳构。

“奇书应有奇序。”老先生一下笔就不同凡俗，一下子吸引住了读者的眼球。一个“奇”字，引发了读者强烈的“阅读期待”。

这篇序言写作上的特点之一是自问自答，让我联想到欧阳修的《醉翁亭记》。此序通篇回答的是一个“奇”字。行文自然，多用古语与口语，亲切中雅意丛生。通过层层剥笋般的解答，得出了石建国先生这本书的价值所在：自从乾隆辛亥年出现了“程甲本”伪“全璧”《红楼梦》以来的205年后，“能够深细研求芹书全貌而又能写成本书这种体裁的，此为首见”。

在回答是否因为与书作者有私交而故意为之标榜时，周老先生坦承他与书作者同为燕京大学老校友。“但数十年没有来往，自1938年忽然重会，这才引发了他的研《红》兴趣。我说实话，我根本未曾估料过他会对此钟情而且具有完卷的本领，也没有‘强迫’他如此如彼，纯粹出其本愿。”老先生因而反问读者道：“是则我们这‘交’属‘私’与否，应听公断。”思维敏捷，论理清楚，反问有力，读者不能不暗暗点头称是。

有意思的是，这篇序文临近结尾时还提到了胡风，“《红楼梦》被残毁破坏而另拼上伪尾以欺世惑人，唯胡风先生之言最为一针见血：‘是中国文学史上的最大骗局！’”

读到此处时，我联想到了舒芜先生，这是一位与胡风先生命运紧密联系在一起的历史人物，我们在本书前边已介绍过他老人家。在周老先生这里，我们又与之隐形地见面了。可见这些历史人物所纵动吹扬的文艺风云，是多么的厚重与阔广，随便一阵微风吹来，就能吹开历史的一角帷幕，使我们从任一个方位，都能影影绰绰地感受到历史人物的巨大影响力与特殊气息。

周序

奇书应有奇序，而我序这部奇书却笔不能奇，自感愧甚。

何以说本书是为奇书？因为曹雪芹的《石头记》是大家公认的奇书，可惜残缺了后半部，那么能续成全璧的书，自然更是奇书无疑了。

于此，还有人问：若书不全，世上仅传八十回，只以近年而言，为之作的新补新续的就不止一家，怎

②

公平之私道？石先生此著为何事也呢？莫非有意抑扬？或是另有"私交"而故为标榜？

这问问得真好。我谨拜答曰："私交"不无——我与他是燕京大学老校友，但数十年没有来往，自1938年偶然重会，这才引起了他的研《红》兴趣。我说实话，我根本未曾估料过他会对此钟情而且具有完卷的本领，也没有"强迫"他如此如彼，纯粹出其本意。是则我们的"交"属"私"与否，应听公断。

⑦

至于我称他这书是"奇"，应加解说几句：这"奇"不是离奇古怪的奇，它奇在自从乾隆辛亥出现了"程甲本""伪全璧"《红楼梦》以来，到今已是2××年（205），能够深细研求芹书全璧本真面而又能写成本书这种体裁的，此为首见。如此，称它一个"奇"字，又有何不允？它奇是奇在作出了别人未能作得的奇事一桩。这就不发生夸张吹嘘的用意与用语。

(4)

写这种书难得很呢！难在如何领会雪芹本旨，难在如何通观研究结果而能正确汲取运化，难在文化学养气质气味须与原著多少有一点儿灵性相通之处……。而更难是要按结构章回把若干的情节内容合情合理地组织安排成一个大的整体！

例如我自己也写了一本《红楼梦的真故事》，性质与本书并不相同，但区别很大——大在何处？在于我自

⑤

无有才力真作续书，所以那只是片断的、没有精细结构的若干情景的刻划勾勒，属于我自己最关切的几个人物的命运，而不是全部全貌。这个区别可就很大了。

再一点就是指芹书名以"真故事"，其实我意志并不是着在"故事"；我最十分用心的却是书的文化风格与精神境界。这就决定了我写不出像石先生这样侦向的著作。

要说，当然我二人并无共同之领会与表现，那又错会了拙意。

建国兄先痛惜芹书之散佚，更痛憾于程高伪续后四十回篡改故事并本真的荒谬歪曲，以致自号"悼侠"——意谓自己

（六）

佚"之学（红学之一个重要分支，专门研索芹书全貌）。所以他将此书命名为"佚话"；殆亦暗寓指程、高为尾续伪作情事也。

《红楼梦》被截毁破坏而另拼上伪尾以欺世害人，唯胡风先生之言最为一针见血："……是中国文学史上的最大骗局"！（见其《石头记交响曲》序）。今有石兄此作问世，足可告慰于胡风先生等位有识有胆有眼之高士贤人了。

⑦

至于我与本书的若干"关系"，并想不免会在前言、后记提及，故不多赘。在此只想补说一句：我为此书之成就而欣喜，并不意味着我是贬低此前的诸位新编者的努力与成果，因为一切事情，确乎皆若"积薪"——后来居上，此为自然之理，而本书如有不尽如意之处，正可留为未来者更上层楼的阶梯吧。

是为序。

学弟周汝昌 小恙中草之
丙子二月初八

朱一玄

[人物档案]

朱一玄（1912—2011），山东淄博人。先后就读于济南中学、北京师范大学、西北大学，1946年起在南开大学中文系任教。专著有《红楼梦资料汇编》《红楼梦人物谱》《明清小说资料选编》《儒林外史资料汇编》等。

[信札故事]

朱一玄先生的信必须和周汝昌先生的文章连在一起读才行。

朱先生至少曾给我两封信，1996年7月8日这一封提到了周汝昌先生的文章。朱信中说，周先生因为目力不好，所写的《红楼佚貂本事序》一文比较费力，成文是大字版的。考虑到周先生原件不便排版，书作者石建国先生就又重抄了一遍，“周先生原稿的复印件，也同时寄去，供收藏之用”。这便是前面周汝昌老先生稿子的来历。

在这封信的最后，朱先生说：“济南是我的故乡，愿故乡文化蓬勃发展。”百度百科上说先生年少时曾就读于济南中学，为山东淄博人，而先生自己说济南为其故乡，这极易引起一些人的误解。其实少有人知的是，淄博部分区域（如淄川），历史上多次隶属于济南。朱先生此说，一显其知识渊博，二显其对故乡的一往情深。

1996年9月22日，朱先生另有一封信惠我，信中提到，他所写的《儒林外史资料汇编说明》，因体例上不适合报纸发表，故又改为《我与〈儒林外史〉》寄来。

信中，朱先生又热情地向我推荐了另两位写作者，均是南开大学的饱学之士。桑梓情深，乡音不改，朱先生真是一位热爱家乡、令人敬佩的好学者。

南开大学中文系

金一同志：

您好。

拙文《红楼佚貂本事序》，蒙在贵报发表，并汇来稿酬，十分感谢。

现挂号寄上周汝昌先生《红楼佚貂本事序》一文，请审阅。周先生是著名红学家，想能刊出。

周先生因为目力不好，原件不便排版。所寄抄件，是该书著者石建国先生手笔。周先生原稿的复印件，也同时寄去，供收藏之用。

济南是我的故乡，愿故乡文化蓬勃发展。

敬祝

著安。

朱一玄上

1986年7月8日

宅电：（022）3501364

20×15=300　　第　页

金一同志：

您好。

从电话中，得知拙编《儒林外史资料汇编说明》，体例不适合报纸发表。现改写为《我与〈儒林外史〉》短文寄上，请审阅并指正。

济南大学中文系教师曹萌（南开大学博士）张淑琴（南开大学硕士）夫妇，均研究古典小说有成就者，可向他们邀稿。电话 2973435—3833，邮编 250002。

明代言情

明清小说

（23—

敬祝

著安。

朱一玄 1996年7月22日

百花文艺出版社

宅电：（022）3501364

钱谷融

[人物档案]

钱谷融（1919—2017），江苏武进（今常州武进区）人。现当代文艺理论家。长期从事文学理论和中国现代文学的研究与教学。2014年12月，获第六届上海文学艺术奖“终身成就奖”。曾任华东师范大学教授、文学研究所所长，《文艺理论研究》主编，中国现代文学研究会副会长。著有《论“文学是人学”》《文学的魅力》《散淡人生》《〈雷雨〉人物谈》等。

[信札故事]

钱谷融先生写给我三封信，却有两种风格。

一种风格是5月9日那封。信头冠以“华东师范大学”字样，是公务用纸；信内是跨行大字体，潇洒自由；用语简洁，不蔓不枝。

其他两信归于第二种风格：没有公务用纸的信头；信内是逐行顺写，正常字体，平静从容；用语上略为细致，寒暄上更为周到。

由于他的信只写了月、日，没有年份，信封又没有保留下来，我只好猜测一下：第一种风格的，是他尚在职时所写；第二种风格的，是他退休后所写。也不知对否，且待后来者、有心人考证吧。

这三封信，横跨他生命的两个阶段，一为在职，一为去职。从这个角度来看，还是比较有意思的。

这三封信中，一共提到11篇文章，也就是说，钱先生至少给我提供过11篇稿件。但报纸浩繁，汗牛充栋，我却一时连一篇都没检索到，又因为旧报纸内容暂时还没有上网，看来要全部查找到，是需要一些时日了。

这11篇文章的发表日期，包括钱先生来信的日期，我推断是在1998年以后。

信中两次提到卢新，时为《济南日报》《随笔》版编辑，而我是《书林》与《趵突》版编辑（任晓峰老师去世后，《趵突》版又交由朱春娃大姐主办了）。卢新长我七岁，是一位温厚优雅的长兄。

2月19日信中，钱先生提到了我所寄的随笔集《沙里的思想》，他很赞许“公平气和”的治学与著述心态，认为作为一个学人，必须如此。

11篇文章中，有2篇他提到了题目。一篇是《桥》，是他在中央大学读书时伦理学课上代替自述人生观的作业，写于1941年，是比较珍贵的一篇。另一篇《散淡人生》序，是他为自己即将由上海教育出版社出版的散文集所写的序。

钱先生信中还提到他文稿发表的一个特点，即他从不一稿两投，所投都是独家稿子，若有发表之处，都会加以说明。这一点，尤其体现出他作为一位著名学人的严谨与让人钦佩的素养。

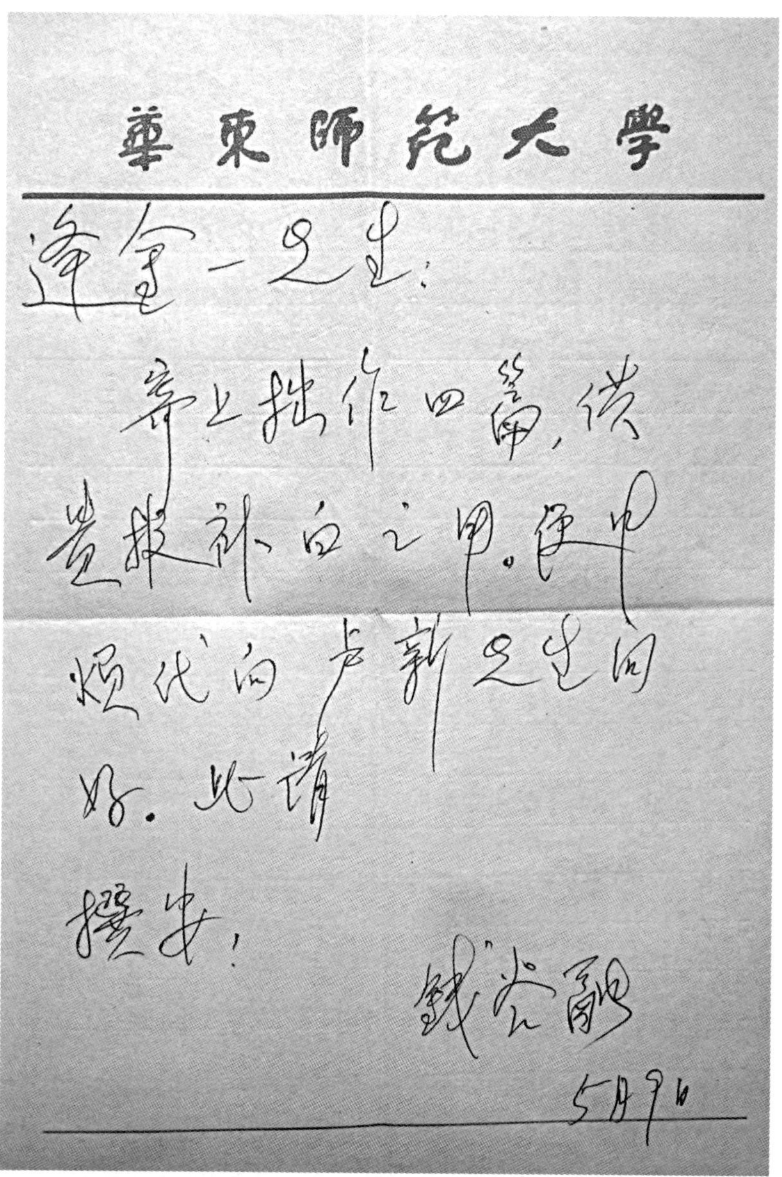

華東師範大學

逢金一先生：

寄上拙作四篇，供贵报补白之用。便中烦代向卢新先生问好。此请

撰安！

钱谷融

5月9日

逄金一先生：

承蒙赠报、约稿，非常感谢。但我素无能，性又懒散，很少动笔，深以无所报命为歉。昨夜偶有所感，写了一则随笔，自知拙劣，所以仍予抄呈者，一则可以聊酬雅意，同时亦算我可供贵报補白之用也。

卢新先生亦在贵报，不知在一起否？本为写信，附上名片二张，一张即烦转达。我已于今年中办退休，当然不再担任学校文学研究所所长一职。中国作家协会理事亦已改称中国作家协会名誉委员，特此声明。

此请

编安！

钱谷融

11月1日

MXZP9701—204.08　　第　页

金一先生：

大著《沙里的思想》收到，我没想到你竟是那么的年轻。书还来不及细读，只读了《自序》和最后一篇。从最后一篇看，你确是做到了《自序》中所说的"心平气和"的。这很不容易。但作为一个学人，必须如此。因此我很欣赏。

随函寄上拙作六篇，不知可供你刊作补白之用否？其中《桥》一篇，是我在中央大学读书时《伦理学》课上的作业（代替自述人生观），写于1941年。《散谈人生》序是我本月即将由上海教育出版社出版的散文集所写的序。其余各篇都是旧作，但都没有发表过（《我与写作》曾寄过报纸但不知有否发表过）。匆此，即请

编安！

钱谷融

2.19

邵燕祥

[人物档案]

邵燕祥（1933—2020），北平（北京）人。邵燕祥的处女作是1946年4月发表在报纸上的一篇杂文《由口舌说起》，批评了飞短流长的社会现象。历任中央人民广播电台编辑、记者，《诗刊》副主编，中国作协第三、四届理事。著有诗集《到远方去》《在远方》《迟开的花》，有《邵燕祥抒情长诗集》等。从1980年前后发表《切不可巴望好皇帝》等杂文开始，邵燕祥又写了大量的杂文，批评各种社会弊病，先后出版《忧乐百篇》、《会思想的芦苇》、《当代杂文选萃•邵燕祥之卷》、三卷本《邵燕祥文抄》以及随笔集《沉船》、《邵燕祥杂文自选集》、《人生败笔》、《找灵魂》等等。现为中国作协理事和主席团委员，中国笔会中心会员。

[信札故事]

邵燕祥先生曾给过我两封信，一封写于1995年9月17日，一封写于1997年2月1日。两封信，第一封信谨慎地亲切，称我为“金一同志”，第二封则直接进化为“金一兄”。信纸也从较为正式的诗刊社便笺纸，到更亲切随意的诗刊社稿纸的背面——我本人其实也习惯于用稿纸的背面写字，正面太滑太硬，反面的阻力与摩擦力正合适，写起来的感觉如船在大海上推进一般，虽有点小阻力，但正能确切地感受到前进的力量。

他的第一封信，说屡接我约稿信，“十分不安”。这句“十分不安”，我是第一次见到有人在此种事上用此种偏重语气的词句，可见其内心的敏感、细腻与柔软。

他于是给我寄来一篇十分好用的短稿（诗人写稿，常是既短又精）——《永远的微笑——纪念诗人邹荻帆》。

这篇文章，写于著名诗人邹荻帆去世11天后，文章写好的第二天，也即9月17日，邵燕祥先生即给我写了信，寄了过来。他纪念邹荻帆，抓住了后者的典型特征：永远在微笑中。邹荻帆去世前的微笑、吃吃的笑、沧桑的笑、慰藉的笑、任劳任怨的笑、充满自信的笑、宽厚的笑……短短的篇幅，邵燕祥先生给我们展现了邹荻帆多方面的生活场景，从中油然而浮现出一个和蔼、乐观、进取的老诗人形象来。

尤其有一段，记舒婷给《诗刊》寄来了《会唱歌的鸢尾花》，当时围攻她的火焰正浓，邵燕祥先生主张暂时压一压，以避其锋，而邹荻帆说“交给我”，并露出了充满自信的笑。最终，舒婷这首脍炙人口的名作，经邹荻帆之手，勇敢而及时地发表了出来。

这些重要历史细节的披露，邵燕祥先生委托我，交由《济南日报》来完成，由此可见他对诗友的信赖，以及他感人至深的真诚。

这篇文章，刊发于1995年10月2日的《济南日报》。

这封信中，还透露了他当时的行踪：9月22日去广东，国庆回来。

信的最后，还提到了我所写的关于侯井天的文章。他认为此文很好，建议再往别的刊物投一下，如北京的《读书》、上海的《文汇读书周报》、南京的《书与人》、湖南的《书屋》等。

第二封的开头表扬了我所主持的《书林》版，“这一版蒙常见寄，办得还是够档次的，多可读之文”。

然后他就着重谈了我的读史札记《信义有价，真情无悔》。这是我读二十四史系列的文章之一，刊发在1997年5月26日《书林》版上，以相公山为笔名。

邵燕祥先生着重就聂政、荆轲等类型的人物在历史与现实中的浮沉，谈了自己的认识。他从黑社会，上溯至近代之帮会、古代之游侠，认为他们都是一脉相承。他还讲到了当年的车匪路霸、昔日的绿林好汉与农民义军，又提到了张献忠，认为文学对他们的描写，多是浪漫之理想超过现实之成分，又认为侠的理想、儒的理想，其实都是最走样的理想主义。

信中所言真的是一针见血，直指本质的。若给此文起个题目，大约可曰《论侠与匪》吧。

邵燕祥先生信中语气爽直而痛快，小行草潇洒漂亮，活脱脱显示出彼时他自由洒脱的心迹。

诗 刊 社

金一同志：你好！

属稿事得悉，我十分忙。正好我写了一篇悼念邹荻帆的文章，是否可上海报，如觉得行就作罢。

我明日去广东，国庆回来。

你写《便是》一文，很好。能否在别的什么地方发？例如北京的《读书》，或上海《文汇读书周报》（他们每月有印刷月报又有书籍版面），或南京出版社的《书与人》，湖南出版局的《书屋》等。请酌。

匆此

编安

燕祥 九·十七，九七

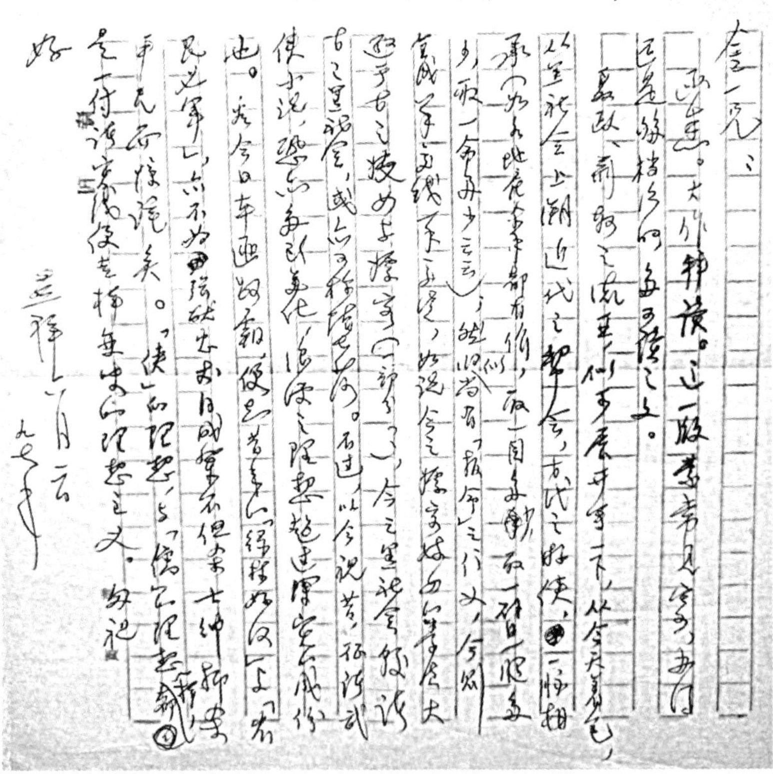

关于《信义有价 真情无价》一文之评

金一兄：

来函悉。大作拜读。这一段着实是实事，而且[illegible]

[illegible]之文。

[illegible]

[illegible]

[illegible]

[illegible]

[illegible]

[illegible]

[illegible]

[illegible]

[illegible]

[illegible]

[illegible]之文。[illegible]

好

[illegible]

九七年

沈昌文

[人物档案]

沈昌文（1931—2021），生于上海，毕业于上海私立民治新闻专科学校。1951—1985年，在人民出版社任校对员、秘书、编辑、主任、副总编辑。1986—1995年，任生活·读书·新知三联书店总经理兼《读书》杂志主编。著有《阁楼人语》《八十溯往》等。

[信札故事]

我初办《济南日报》《书林》版时，曾到处约稿，想尽各种办法要网罗天下优质的作者。那时候热情而勤奋，怀着一颗单纯向上的事业心。其中有一次，我就给名闻读书界的《读书》杂志主编沈昌文先生写信，希望能有机会去《读书》实习，希望能约到《读书》作者群那么高大上的写作队伍。

沈昌文给我回信了，时间是1995年或1996年的5月30日。

他的信写得冷静大气。开头即做自我批评："《读书》办得平平。原是想打破一些程式，可是后来也有了新的程式，甚至变成陈式了。"这句话如名言一般，让我印象深刻。他启发我的办刊思路，鼓励我"多想新路"。

对于我想去《读书》实习一段时间的思路，他说实习颇难，接着又坦诚介绍了《读书》编辑部的情况，“这里不坐班，大家都在家中做事”——对我来讲，不坐班而上班，这真是个奇异而让人无限向往的单位，算得上是书界别一风景。

信中也透露了他当时的工作状态（兼差多，看稿、编稿、找作者）以及他的工作时间（都要在晚上），还有他的工作方式（有时在酬酢之间），字里行间于是便凸显出一个风度翩翩、忙碌而优雅的老知识分子的形象来。

信的最后谈及如何联系《读书》上的作者的事宜，即可以写信，由《读书》编辑部代转作者本人。

这封信的信纸也很有特点，档案式的，设有编号与日期，仿佛可随时编录入档。不知现在他们的信纸还保留此风格否？或者，在这个无纸化办公的时代，人们的情感与信息在虚空中来来往往，他们还保留纸信否？

生活·讀書·新知 三联书店　　　编号：　字第　号第　页

北京朝内大街一六六号　　　日期：　年　月　日

香港分店：中环域多利皇后街九号

逯先生：

信和剪报都收到，多谢！

《读书》办得平平。原是想打破一些程式，可是后来也有了新的程式，甚至要成陈式了。你们要办，希望多支持我们。

实习颇难，因为这里不坐班，大家都在家中做事。我本人兼差太多，看稿、编刊乃至我作文，都在晚上，有时在酬酢之间。你来了以后，会很失望的。

作者通信处，可以这么办：第一次，由你写信给我们《读书》编辑部转，如作者复信，你们就直接联系。这是因为不少作者不愿我们泄出通信处。这只能由作者自决。总之我们是一定会把信转去的。致

敬！

沈昌文　5.30

李国文

[人物档案]

李国文，1930年生于上海。1949年毕业于南京戏剧专科学校理论编剧专业。中国作家协会第四届理事。1986年调到中国作家协会，担任《小说选刊》主编，至1989年底该刊停刊。长篇小说《冬天里的春天》获首届茅盾文学奖，《大雅村言》获第二届鲁迅文学奖。《月食》《危楼纪事之一》分别获全国第三、四届优秀短篇小说奖。著作还有随笔散文集《楼外谈红》《中国文人的非正常死亡》《中国文人的活法》等。

[信札故事]

我与李国文先生的友谊，有幸横跨了纸信与电子信两个时代，而一直持续了下来。纸信我保留下来了三封，而电子信则是以两位数计的。《济南日报》的读者们也有幸持续地读到了先生的多篇有思想、有趣味、有文采的妙文佳作。

李国文先生给我的第一封纸信，写于1995年6月30日。这居然是一封电脑打印信加手写签名的，注意这是在1995年！这个时间用电脑打印写信，是当时中国最先进的写信方式了，能够觉察出国文先生真的是一位敏锐地参与、把握时代最新文字书作方式的先锋。

但在选择书写方式时，国文先生也明显是做了多种尝试，来回摇摆，多方试验，两年后即1997年7月16日，他写给我的第二封信，就又回归到了钢笔手写体，并随信寄来一篇稿子。这是一篇杂文，或者说是文史杂谈，写《明史》中不曾提及的朱元璋删《孟子》书一事。

时间又下去了三年，到了2000年12月，我又收到国文先生的第三封信，信的内容是对我所寄的小书《沙里的思想》的评点，他很客气地说，“《沙里的思想》很好看，对于历史的一些见解，颇有新颖不同一般之处，甚钦佩”。这当然是对我的过誉了。

这封信引起我兴趣的，更在于它的信纸与用笔。这是宣纸，而且是东方书店特制的竖杠信纸，国文先生以毛笔小楷书写，竖排，完全是传统的书信方式。

我所保留的国文先生这三封信，不经意间恰恰体现出先生的三种书写尝试，且一次比一次更走向传统，一次比一次更像“信”，这是颇有意味与代表性的。

加上电子信，国文先生给我写信的方式总共就有了四种。

我们处在一个剧烈变革的时代，从国文先生这四种通信方式上，也能看出时代列车呼啸而过所擦出的巨大痕迹。

国文先生寄信所用之信封，我仅仅保存下来一件。看邮戳，应该是盛载写给我的第三封信所用的那件。

这是一个特制的信封，国文先生个人住址具体到几栋几门几号，以及个人的名字，都以印刷体印制了出来。大约是因为独特，加上信封上笔迹的秀洁，才让我当时就心仪，而一直保存下来的。

这是早期的“私人订制”，而且是罕见的纯文人范的“私人订制”。

中国作家协会

金一兄：

收到你寄的报纸和信。

现寄上《读书无悔》一文，不知可用否？

如不可用，请退还给我，拜托！

祝

编安！

1995年6月30日

250001

山東济南 经七路纬一路

《济南日报》

逄金一 先生

中国作家协会

地址：北京 西便门外大街西里 28栋4门2号

李国文 邮编 100045

中国作家协会

金一先生：

收到你的来信，和一些剪报，谢谢。

《明史》中不提朱元璋删《孟》事，是属于正史体例，完全是从精神文明角度出发。其实，朱元璋在中国全部三百多个皇帝中，绝不能算是好东西。

寄上一篇短稿，不知可充篇幅否？

祝

好！

李国文

1997.7.16

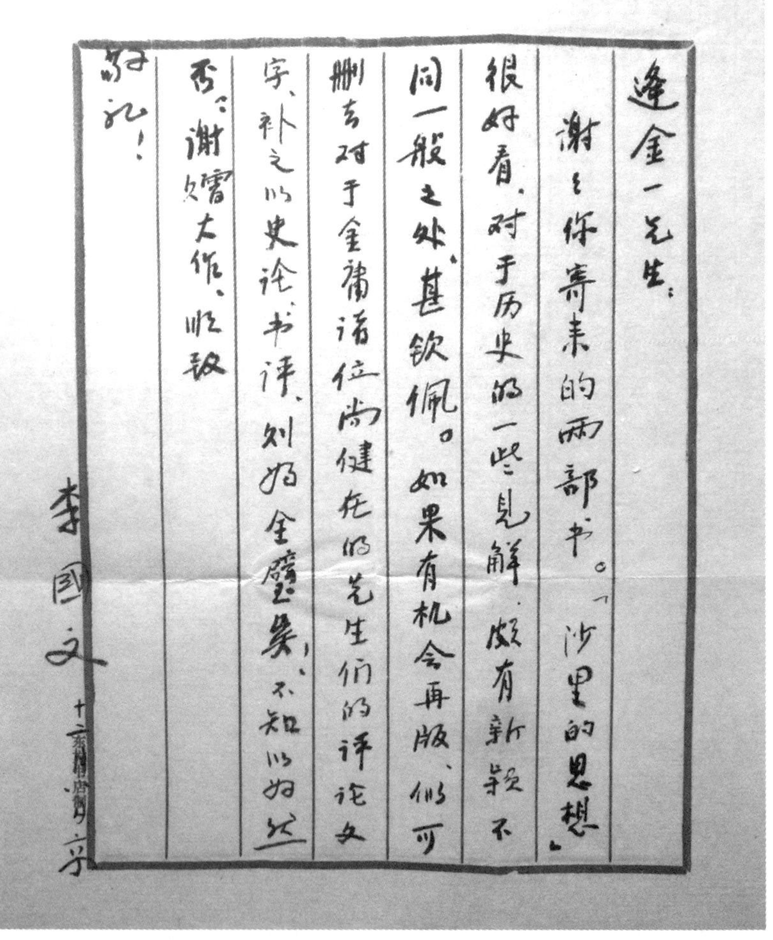

逢金一先生：

谢谢你寄来的两部书。「沙里的思想」很好看，对于历史的一些见解，颇有新颖不同一般之处，甚钦佩。如果有机会再版，似可删去对于金庸诸位尚健在的先生们的评论文字，补之以史论、书评，则为全璧矣。不知以为然否？谢谢馈赠大作，此致

敬礼！

李国文

十二月[illegible]

高 莽

[人物档案]

高莽（1926—2017），黑龙江省哈尔滨人，长期在各级中苏友好协会及外国文学研究所工作，曾任《世界文学》杂志主编、编审，从事翻译、编辑、俄苏文学研究和中外文化交流与对外友好活动；同时从事文学与美术创作。2013年11月，高莽凭借译作阿赫玛托娃的叙事诗《安魂曲》，获得了“俄罗斯—新世纪”俄罗斯当代文学作品最佳中文翻译奖。

[信札故事]

高莽先生曾给过我五封信（含一次明信片）。

我做《书林》版，需要有一些刊头画。自己做研究生时，方向是西方文学，因而特别喜欢外国经典文学作品中的那些插画，包括张守义与高莽先生的。我曾去北京拜访过张守义先生，还曾写过一篇采访记，发表于《济南日报》上，他老人家专门给我提供了大量的外国文学插图，用在我的版面上，惊艳一时，精彩极了。

可惜张守义先生与我的通信记录却并没有留下来，深以为憾。

不过幸亏与高莽先生交往的经过，却通过书信，永久地保存下来了，现在看来，这是多么美好与宝贵的往事啊！

1996年2月11日的来信，高莽先生给我提供了22帧外国文学家的肖像、目次、国籍、作家名字、作家生卒之年，一一列出，眉清目秀。他们都是一流的作家，包括当时还健在而现在已去世的杜拉斯等人。高莽先生说，如有不合适刊发的，请我一定把原画寄回给他。看到这一小节，我又觉遗憾了，因为当年的那些原画底稿，我居然都没有留下，那上面有高莽先生的亲笔手迹，若成批留下来，摆放在一起，情景一定会颇为壮观，也一定会令人非常震撼的。

高莽先生当时已退休在家了，然而他说自己“比上班还忙”，给我的作品是挤时间找出来的。

1996年10月22日，高莽先生又寄来15幅刊头画。信中还提到，我们给的稿费有点低，这一点让我惭愧，我在单位不是一个善于向领导争取政策的人，按说，给这些名家大家开稿费，应该特事特办的。

1997年6月29日的信，高莽先生又寄来10幅外国作家肖像图，信中又说，他在忙于写帕斯捷尔纳克传，一时顾不上他事了，恐怕没时间再给我挑选插图了。

1997年9月25日的信，高莽先生回复了我替《烟台晚报》的袁丰雪约稿的事，并再提自己之忙。

1998年1月，我还收到高莽先生自北京给我寄出的明信片一帧。他是写在1997年的旧片之上的，写满了对我的祝福之言，让我感动。一位来自京城的文化老人，在白雪飘飘的冬季，给外省的一位年轻人寄明信片，这是多么温暖、明亮与优雅的一件事啊。

而今，明信片的时代也过去了。那个时代的人和事却永远暖和地留在了我们心间。

金一伟：

1月16日来信及赠刊今天才收，实在对不起。原因很简单，我已离休多年，根本不去机关，所以你们信及报一直扔在机关里。以后请往家中写信，地址是

100044 北京市 海淀区昌运宫1－2－601
高莽 收

家里的电话是 8463307

你索要的作家头像，我选了一部分，共22帧寄上。其中包括各大洲男女作家、诗人。我觉得，中国读者感兴趣的外国作家，或是大师，（他们都是）或是古典人物，或是各种奖金的获得者。

你认为不适合利用的，请把原画退给我。画像下面的文字（除个别作者签名者外），不要用。说明我都写在背面上了。

我觉得，画像刊出时，最好注明国别、生卒

年代，对我国读者会起了解情况的作用。

倘若你认为合适，我可以再写给你一些，或者你指名也好。

我现在仍上班工作。最近可能要外出一段时间。这些东西也只能挤点时间写给你。

祝 全家

春节快乐！

高莽 96.2.11

外国作家头像

1.	日本	川端康成	(1899－1972)
2.	印度	泰戈尔	(1861－1941)
3.	黎巴嫩	纪伯伦	(1883－1931)
4.	俄罗斯	托尔斯泰	(1828－1910)
5.	〃	奥斯特洛夫斯基	(1904－1936)
6.	〃	阿赫玛托娃	(1889－1966)
7.	〃	帕斯捷尔纳克	(1890－1960)
8.	德国	歌德	(1749－1832)
9.	〃	格拉斯	(1927－)
10.	奥地利	卡夫卡	(1883－1924)
11.	英国	柯南道尔	(1859－1930)
12.	〃	乔伊斯	(1888－1957)
13.	法国	尤瑟纳	(1903－1987)
14.	〃	杜拉斯	(1914－)
15.	意大利	夸西莫多	(1901－1968)
16.	〃	莫拉维亚	(1907－1990)
17.	南非	戈迪默	(1923－)

18、 美国 海明威 (1899－1961)
19、 美国 布罗茨基 (1940－)
20、 墨西哥 帕斯 (1914－)
21、 哥伦比亚 加西亚·马尔克斯 (1927－)
22、 秘鲁 巴尔加斯·略萨 (1936－)

金一同志：

10月14日来函收悉。

再寄上外国作家画像15幅。

1.	巴西	亚马多	(1912-)
2.	阿根廷	博尔赫斯	(1899-1986)
3.	古巴	何塞·马蒂	(1853-1895)
4.	意大利	翁加雷蒂	(1888-1970)
5.	挪威	易卜生	(1828-1906)
6.	法国	巴尔扎克	(1799-1850)
7.	俄罗斯	瓦西里耶夫	(1924-)
8.	英国	卡奈蒂	(1905-)
9.	捷克	塞费尔特	(1901-1986)
10.	法国	雨果	(1802-1885)
11.	英国	毛姆	(1874-1965)
12.	美国	福克纳	(1897-1962)
13.	俄罗斯	肖洛霍夫	(1905-1984)
14.	美国	纳博科夫	(1899-1977)
15.	英国	狄更斯	(1812-1870)

我想这些肖像可以供您利用到今年年底。明年如何安排，由您决定了。

您说，用照片也可以介绍域外的作家学者，但我和摄影界缺少联系。

至于画肖像的人，我接触的也不多。张守义先生已绝缘绘画过了。丁聪先生年迈，未必肯接受这项任务。

另外，和几个别画家接触，他们认为稿酬太低。

我想，您可以在当地发掘这方面的人材，何必去找外地的和尚呢?!

祝好!

高莽

96.10.22

P.S.

我画的外国作家肖像，按画像背面的说明。

金一兄：

来信收到。

最近忙于写帕斯捷尔纳克传，然后要挑选插图。我现在视力日益衰退，查阅资料、翻检书籍都需要我加一倍时间，我已难以胜任。

手头还有一批外国作家肖像，选了10张寄上，或许还可用一段时间。（人名已写在画背面）

1. 黑塞（德国）
2. 阿特伍德（加拿大）
3. 伏契克（捷克）
4. 艾特马托夫（吉尔吉斯）
5. 茨维塔耶娃（俄罗斯）
6. 叶夫图申科（俄罗斯）
7. 罗素（英国）
8. 显克维支（波兰）
9. 马丁松（瑞典）
10. 席姆博斯卡（波兰）

高莽 97.6.29

金一同志：

9月11日来函敬悉。

烟台[illegible]已回了信。

感谢你对我的厚爱。你去要[illegible]，我还有很多画像，但最近实在太忙，我无暇去翻找。倘若顺手能找出来，我就给你寄去，如果来不及，你最好请[illegible]朋友帮忙。[illegible]。

祝好！

[illegible]

97.9.25

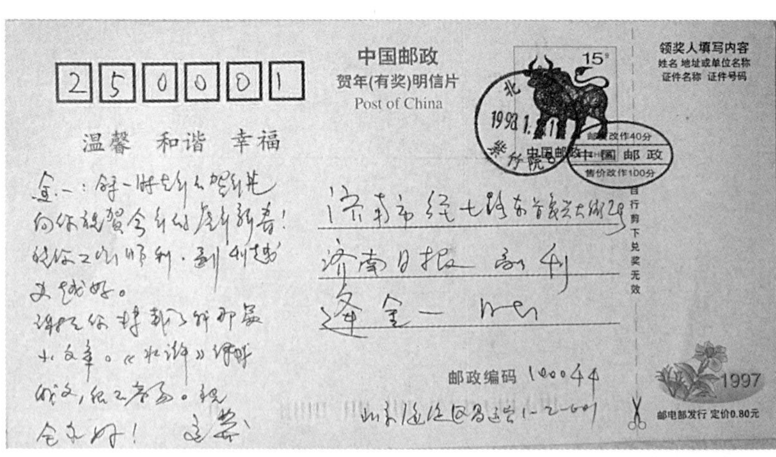

2 5 0 0 0 1

中国邮政

贺年(有奖)明信片

Post of China

温馨　和谐　幸福

金一：[illegible]

向你祝贺今年的春节新春！

[illegible]

[illegible]

济南市经七路[illegible]

济南日报　副刊

逢金一同志

邮政编码　100044

[illegible]

领奖人填写内容

姓名 地址或单位名称

证件名称 证件号码

自行剪下兑奖无效

15分

1997

邮电部发行 定价0.80元

吴小如

[人物档案]

吴小如（1922—2014），安徽泾县人。先后就读于燕京大学、清华大学，并于1949年从北京大学中文系毕业。曾受业于朱经畬、朱自清、沈从文、废名、游国恩、周祖谟、林庚等著名学者，是俞平伯先生的入室弟子，跟随俞平伯四十五年。历任津沽大学中文系教员，燕京大学国文系助教，北京大学中文系讲师、教授及中国中古史研究中心教授，中央文史研究馆馆员。吴小如在中国文学史、古文献学、俗文学、戏曲学、书法艺术等方面都有很高的成就和造诣，被认为是“多面统一的大家”。著有《京剧老生流派综说》《古文精读举隅》《今昔文存》《读书拊掌录》《心影萍踪》《莎斋笔记》《常谈一束》《霞绮随笔》及《当代学者自选文库·吴小如卷》等，译有《巴尔扎克传》。

[信札故事]

吴小如先生给我的信，我保留下来的有八封。

这八封信上只有月、日清楚，年份没有，我只能按照文意大致排出来信的顺序，也不一定完全准确。年份区间应该是在1996—2000年之间。

10月30日的那封信应该是第一封。吴先生也由此开启了在《济南日报》发表系列“诠诗小札”文章的序幕。

11月20日的信，还是诠诗小札系列，同时他表明不愿正式开专栏，愿意随写随发，这样更主动与自由一些。

1月31日的信是一封较长的信，系列还是诠诗，内容是对岑参名作《白雪歌送武判官归京》的分析，这两页稿纸的信简直就是一篇关于此诗的学术小论文，所以异常珍贵。

3月25日的信，告诉我说近期他在忙于编一部书稿，编完之后会再继续诠诗小札系列文章。

4月9日的信，是请我代买齐鲁书社新出的一本《笑林广记二种》。

8月20日的信，提到他写京戏误区的文章，在京津报纸发过两篇，给北大学生做过报告，《羊城晚报》发过报道，一时转载很多，“南自广州而北至黑龙江，均以鄙说传播”，看来影响是极大的。从文意推测，相关系列的文章应该也经我手刊发过。

1月16日的信，表明他不是一个愿意与人纷争的人，文章还是愿意“偶一为之”为好。

12月10日的信，提到我寄他的两本书，据此推测，这应是2000年的信。信中说：“年轻人肯用功读书是大好事，但立言仍宜谨慎。”他举了和氏璧的例子，认为蔺相如的话是骗秦王的，并非真言。——信中受教，弥足珍贵，吴先生实为吾师也。

吴先生的信，有个明显的特点，是格式上的尊人抑己，如提到“金一同志”“足下”，都是高高的、醒目的，而提到“仆”“舍下”“鄙”“拙文”，却都是低低的、小字体的，这纯粹是旧式知识分子的礼数与做派。信的文辞上也极讲究，古雅而饱有涵养，让人仰望。此外，这些信也展现了吴先生善解人意、为他人着想的心迹，以及他对传统文化的执着热爱。当然，那如行云流水一般的小行书更是让人欣赏不够，赞叹不已。别忘了，他可是著名书法家、诗人吴玉如先生的长子啊！

北京大學

PEKING UNIVERSITY

PEKING UNIVERSITY 1898

金一先生：你好！

惠寄济南日报二纸收到，多谢。不知足下何以知道舍下地址，又何以拟约送之投稿？愿悉其详。重违君意，寄奉小文一篇，即请裁正。如合用，今后拟以读诗札记为总题，抽闲以抄寄供补白之用。幸不吝教之。足下名片列硕士学衔，知学养有素。仆已老悖，且无学位，不过老教书匠耳。匆匆不一，敬祝

冬安

吴小如敬启 十月廿日

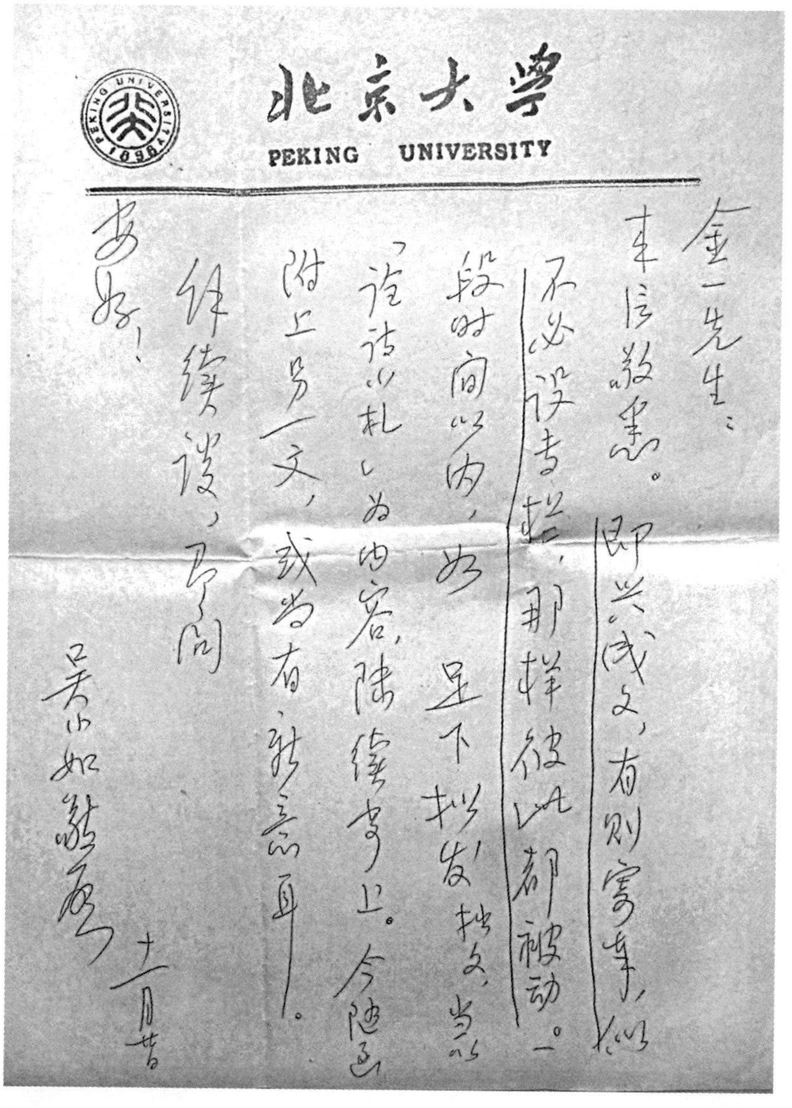

北京大學
PEKING UNIVERSITY

金一先生：

来信敬悉。即兴成文，有则实事，似不必设专栏，那样彼此都被动。一段时间以内，如足下拟发拙文，当以"读诗小札"为内容，陆续寄上。今随函附上另一文，或尚有新意耳。俟续谈，即问

安好！

吴小如敬启

十月廿

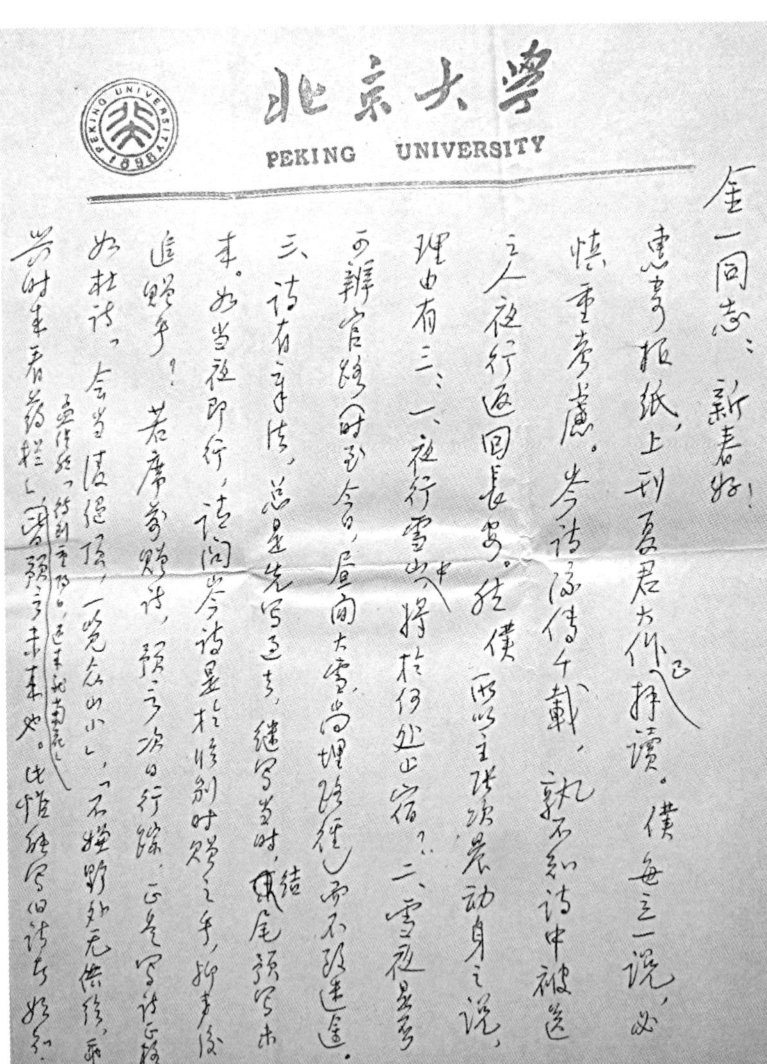

北京大学
PEKING UNIVERSITY

金一同志：新春好！

惠寄报纸，上刊夏君大作，已拜读。仆每立一说，必慎重考虑。岑诗流传千载，孰不知诗中被送之人夜行返回长安。往仆所以主张次晨动身之说，理由有三：一、夜行雪山中，将于何处止宿？二、雪夜岂可辨官路（时至今日，昼间大雪，尚埋路径）亦不致迷途。三、诗有章法，总是先写送者，继写当时，结尾预写未来。如当夜即行，请问岑诗是于临别时赠之乎，抑事后追赠乎？若席前赠诗，预言次日行踪，正是写诗正格。如杜诗"会当凌绝顶，一览众山小"，"不嫌野外无供给，乘兴时来看药栏"（孟浩然诗"待到重阳日，还来就菊花"），皆预言未来也。此惟经写旧诗者始知之。

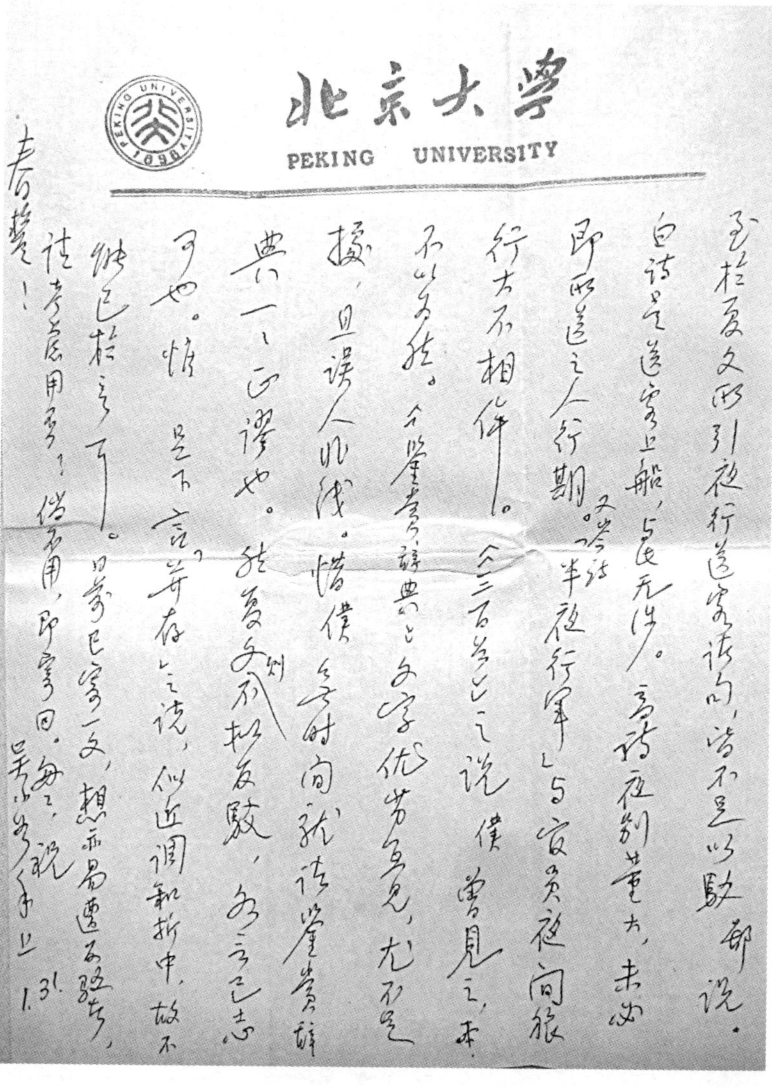
北京大學
PEKING UNIVERSITY
1898

至於夏文所引夜行送客詩句，皆不足以駁鄙說。
白詩是送客上船，主人無涉。高詩夜別董大，未必
即所送之人行期。又岑詩"半夜行軍"，乃官兵夜間旅
行，亦不相侔。《三百首》之說，僕曾見之，本
不以為然。今《鑒賞辭典》之文字優劣互見，尤不足
據，且誤人匪淺。惜僕無時間就諸鑒賞辭
典一一正謬也。然夏文則不擬反駁，亦言之已志
可也。惜足下言兩存之說，似近調和折中，故不
能已於言耳。日前已寫一文，想亦易遭反駁者，
待考慮用否？倘不用，即寄回。匆匆，祝
春釐！
吳小如手上 1.31.

北京大學
PEKING UNIVERSITY

金一同志：你好！

前奉来函，本拟未即裁答。对拙文实不想反驳，足下但心知其意可也。「谈谈小札」仍拟续写，惟想使之洽一洽。今寄上小考据文一则，虽述古事而实有纠今谬之意，不急，贵刊能用否？不用，希即掷还。近忽拟编就一本书稿，俟编完当续以小文奉寄，盖为另一本读书札记书稿作准备耳。匆匆不一，敬祝

安好！

吴小如拜启 三、廿五

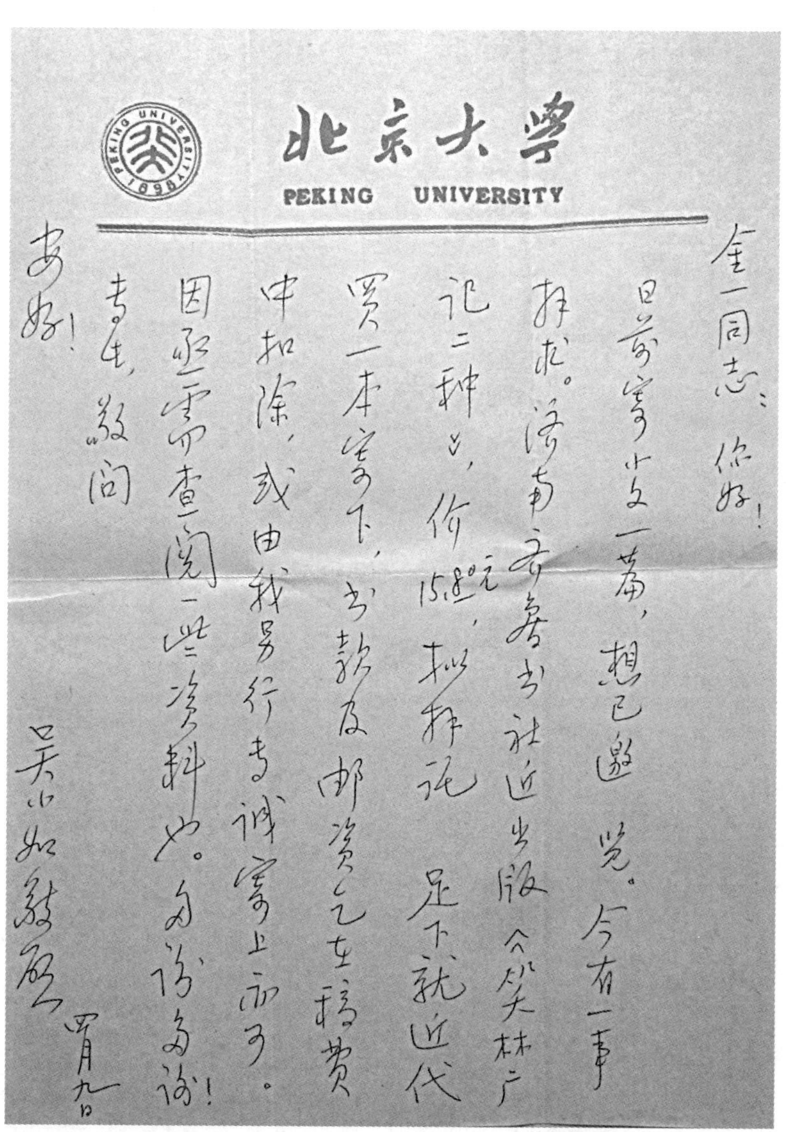

北京大學
PEKING UNIVERSITY

金一同志：你好！
日前寄小文一篇，想已邀览。今有一事
拜求。济南齐鲁书社近出版《笑林广
记》二种，价15.80元，拟拜托足下就近代
买一本寄下，书款及邮资乙在稿费
中扣除，或由我另行专诚寄上亦可。
因正需查阅一些资料也。多谢多谢！
专此，敬问
安好！
吴小如敬启
四月九日

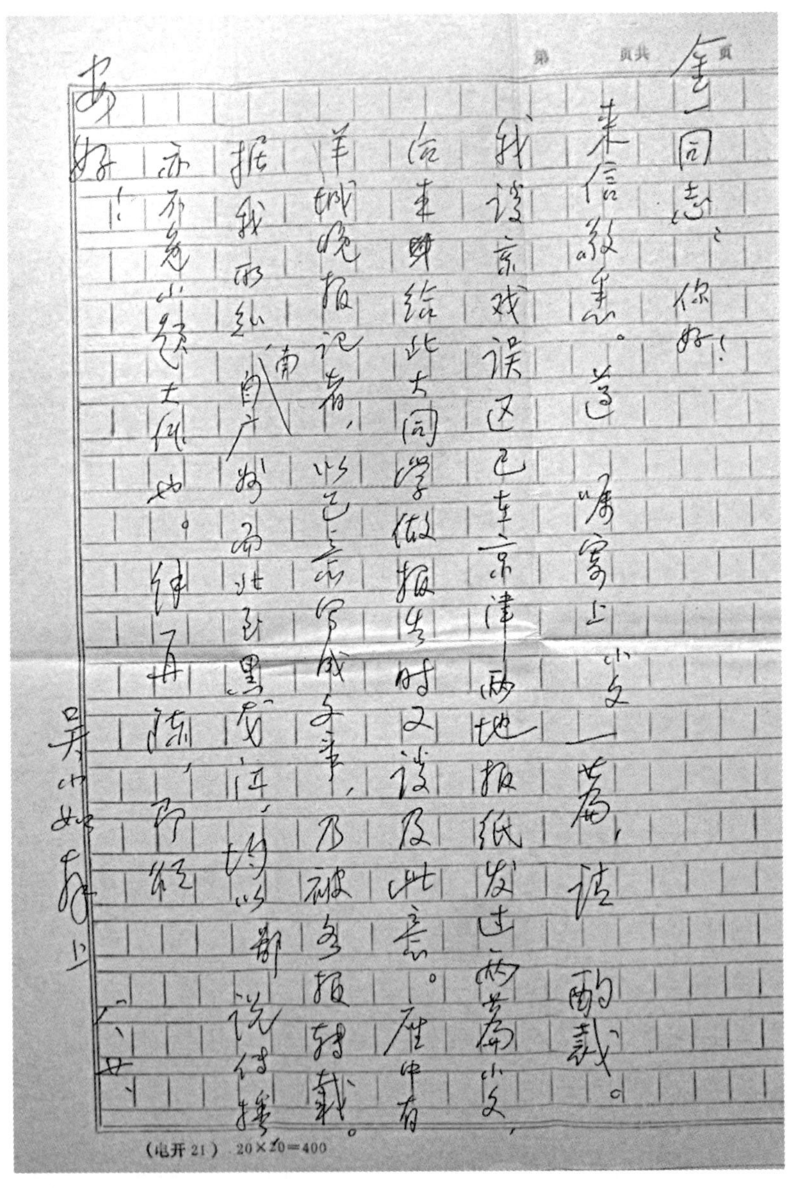
第　页共　页

金同志：你好！

来信敬悉。遵嘱写上小文一篇，请酌载。

我谈京戏误区已在京津两地报纸发过两篇小文，前年曾给北大同学做报告时又谈及此意。座中有羊城晚报记者，以之写成文章，乃被多报转载。据我所知，南自广州而北至黑龙江，均以都说得接

亦不急小题大作也。余再陈，即颂

安好！

吴小如 上

六、廿

(电开21) 20×20=400

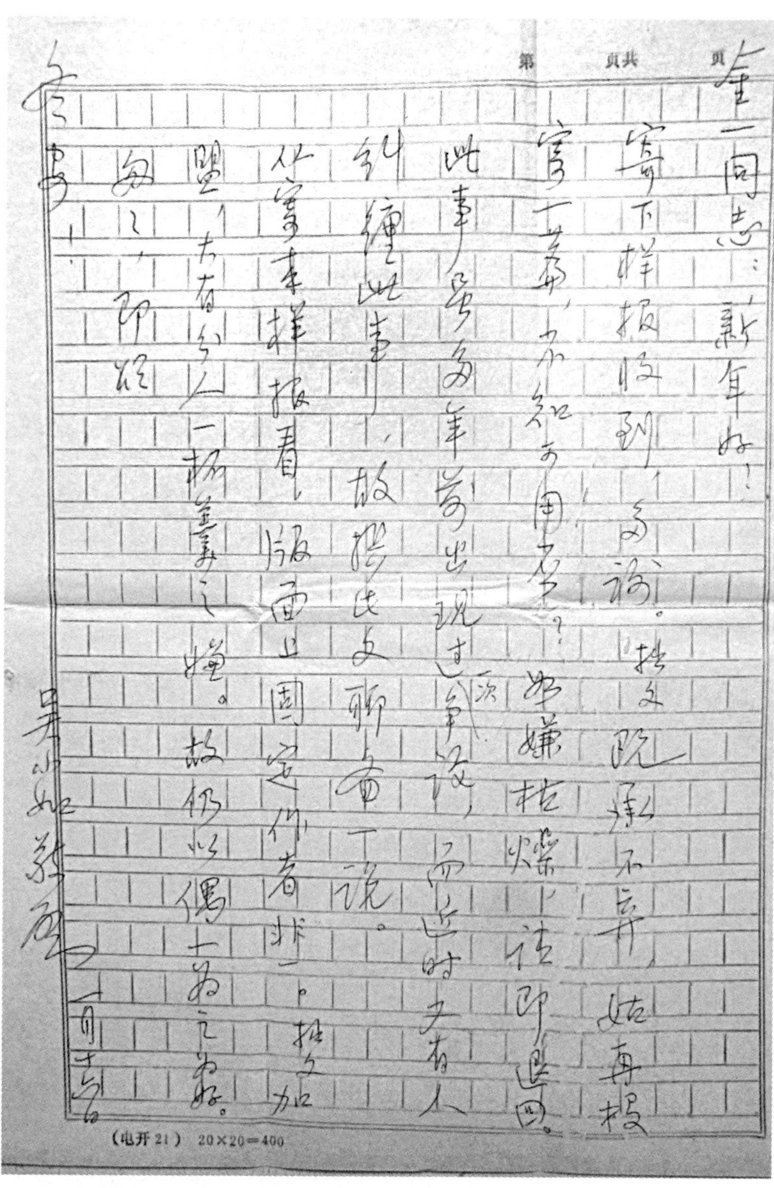

金一同志：新年好！

寄下样报收到，多谢。拙文既承不弃，姑再换寄一篇，不知可用否？如嫌枯燥，请即退回。此事另多年前出现过一次争议，而近时又有人纠缠此事，故想借此文聊申一说。从寄来样报看，似每周固定作者排。拙文加盟，太有个人一枝独秀之嫌。故仍以偶一为之为好。匆匆，即颂

年禧！

吴小如敬启 一月十日

北京大学

历史学系

Department of History　　TeL：2501652

PEKING UNIVERSITY　　FaX：2501650

金一同志：久违了，你好！

多谢你惠赠大著两册，容仔细拜读。从散文集萃目来看，年轻人肯用功读书是大好事。但立言仍宜谨慎。如你说据蔺相如的话和氏璧还是有瑕的，其实那是蔺骗秦王的话，并非璧真有瑕。此固小节，但立言便须谨慎。请恕直言。

匆覆，顺祝

新年快乐

吴小如拜启

十二月十日

250001
济南复兴大街二号
济南日报文艺部
逄金一先生收
北京大学
中关园43/306吴小如
邮政编码 100871
100080
中国人民邮政

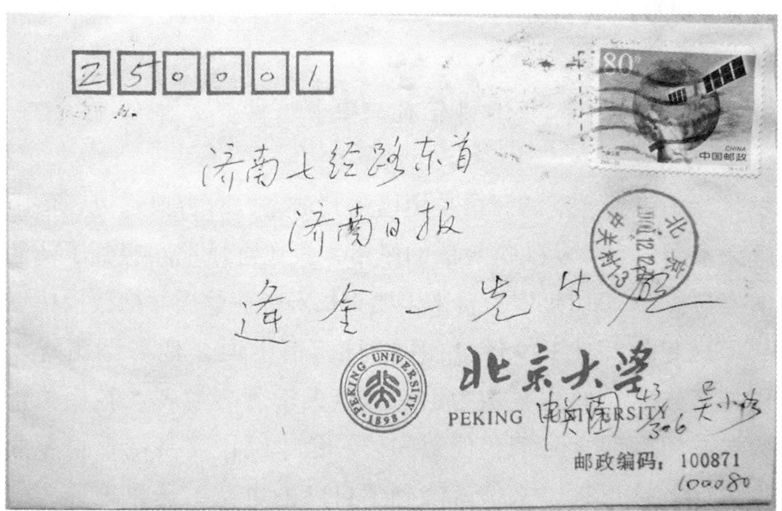
250001
济南七经路东首
济南日报
逄金一先生
北京大学
PEKING UNIVERSITY
中关园43/306 吴小如
邮政编码：100871
100080
中国邮政

徐中玉

[人物档案]

徐中玉（1915—2019），江苏江阴人。1939年毕业于中央大学中文系，1941年又毕业于中山大学研究院中国文学部。历任中山、山东、同济、复旦、沪江诸大学中文系讲师、副教授、教授。1934年开始发表作品。1952年起任华东师范大学中文系教授，历任系主任、名誉主任、文学研究所所长，兼任全国高等教育自学考试指导委员会中文专业委员会主任、中国文艺理论学会会长，古代文学理论学会会长、中国作家协会上海分会主席和《文艺理论研究》《古代文艺理论研究》主编等。

[信札故事]

徐中玉先生信的风格是用语极其洁省，有古典之风，信中毫无多余之字。从他这封信的风格，我还奇怪地联想到了他的清瘦与长寿——105岁！看来，要想长寿，写信当学徐教授！

这封信写于1995年11月17日，信中说，他与严薇青、田仲济先生（两先生均为山东师范大学著名学者、教授）皆为老友，顺便之时请我代致问候。信中又说《济南日报》办得极好。接下来，来信就谈到了自己的电话、通讯地址、邮编等，从这段来看，似是我前封信是寄到上海市作家协会去了，因而他才会说："寄作协反而易丢误。"最后一段是说寄来一稿的事。

这篇稿子很快于1996年1月15日刊发，题目是《有种能近取譬的习作书》。这是为《新编全国中学生作文大全》一书所写的序。比较难得的是徐先生提到了他上初中时的求学经历，以及20世纪30年代前后中国的青年读物，特别是提到了当时开明书店所出的《中学生》等的珍贵往事。

華東師範大學

金一同志：

信收，[illegible]字谢。迟复，请谅。

[illegible]、仲济两先生都是老友，晤时请代致候。

[illegible]同学很好。

"2571204"，这不是我的电话。敝宅电话是6285027。在家时多。寄件请交上海金沙江路师大二村30号，邮编200062。寄信[illegible]而易丢误。

寄奉书序一则，不知合用否？

祝

好

徐中玉
95.11.17

曾　卓

[人物档案]

曾卓（1922—2002），生于湖北武汉。1936年加入武汉市民族解放先锋队，武汉沦陷前夕流亡到重庆继续求学，并开始发表作品。1940年加入全国文协，组织诗垦地社，编辑出版《诗垦地丛刊》。1943年入重庆中央大学历史系学习。1944—1945年从事《诗文学》编辑工作。1947年毕业后回武汉为《大刚报》主编副刊。1950年任教湖北省教育学院和武汉大学中文系，1952年任《长江日报》副社长，当选武汉市文联、文协副主席。

[信札故事]

曾卓先生至少应该给过我两封信，但我保存下来的，只有1994年11月18日的这一封。

这封信的内容是他没收到关于《廊桥遗梦》（上篇）一文的样报，前来询问的。

曾卓先生在这篇文章中大胆地怀疑：尽管书作者极力使读者们相信故事的真实性，但他“总还是感到这一切是出于虚构”。而且，他也不准备给予此书很高的评价。这些观点说明曾卓先生是一位极其清醒、客观，有极强的独立思考能力，并能力排众议，提出自己独到见解的真正的文化人。

信中有一句挺能打动我心的，“我手头没有底稿，务请补寄为盼”。这说明他并没有一稿多投，保持了极好的定力与操守，而居然也不留底稿，同时说明这位老诗人是多么单纯、多么信任别人、多么信任辗转多次的通讯系统的一个人啊！

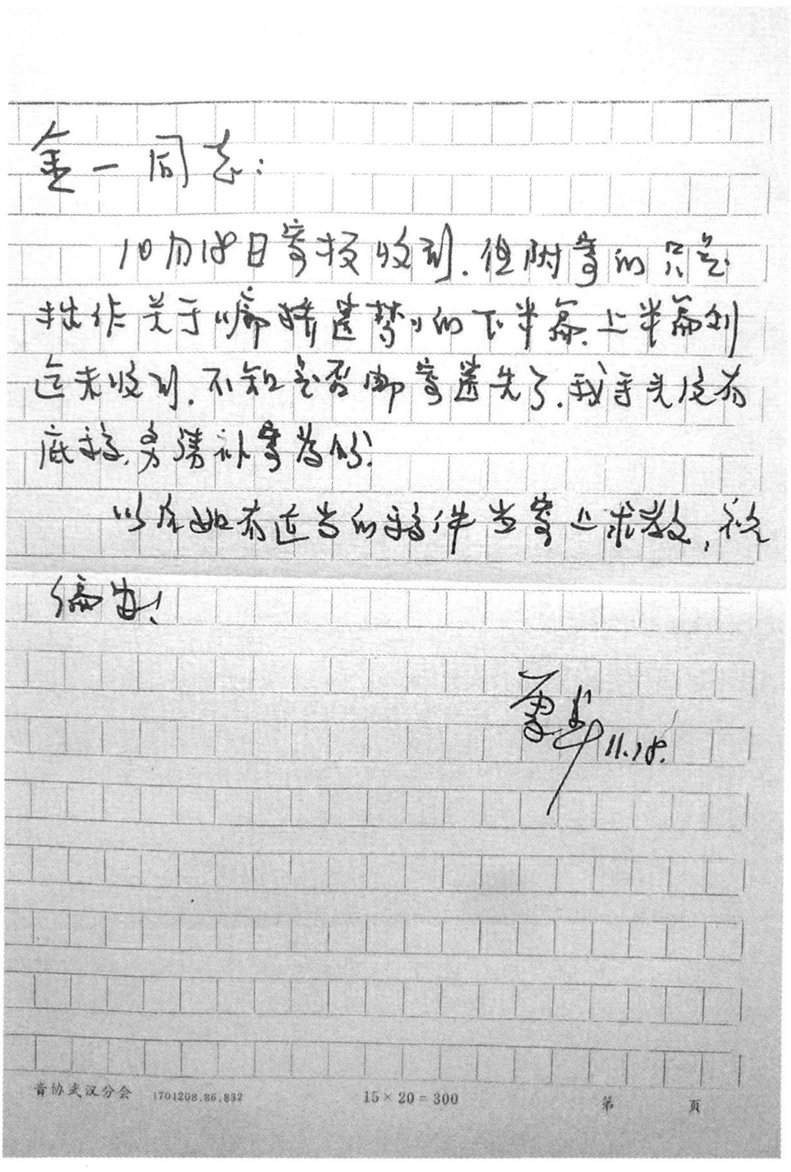

金一同志：

10月18日寄稿收到。但附寄的只是拙作关于《嫦娥造梦》的下半篇，上半篇则迄未收到。不知是否邮寄遗失了。我手头没有底稿，另请补寄为盼！

以后如有适当的稿件当寄上求教，顺

编安！

曾卓 11.18.

音协武汉分会 1701208.86.832 15×20=300 第 页

王一桃（香港）

[人物档案]

王一桃，1934年出生于马来西亚一个爱国华侨家庭。1948年发表处女作，七十多年来勤奋创作，作品涉足海内外百多种刊物。仅至2003年底，已出诗集十八种，散文集十八种，文艺评论集十二种，编著二十三种。

[信札故事]

我保存下来的一桃先生的信有七封，其中五封写于1997年香港回归前后，另两封写于2007年香港回归十周年之际。

他的信一律是竖排的，给我们展示出香港地区保持中华传统书信形式的一个例样。当然他也有与时俱进的地方，比如用纸不再是宣纸，用笔也不再是毛笔。

这些信总括起来看，有以下的内容与特点：

一是信中展示出他与老作家峻青、评论家吴开晋教授在文学创作上的良好互动，比如他曾在港大讲解过峻青的代表作《黎明的河边》等。

二是他与我之间也是互赠互寄诗作，以文会友，异义相析，其乐融融。

三是我们还有另外一个共同的爱好：集邮。我曾赠他特种邮票，他也曾回赠我与香港回归有关的纪念邮票。而这些内容，不通过再次阅读这些旧书信，也还真都没有印象了。

四是信中也透露出香港回归前后，当地文艺界的一些颇为生动与直观的侧面，比如一桃先生还应马来西亚报纸之约，给他们撰写与回归有关的诗文等。

一桃先生是一个热情洋溢而别出心裁的人，他在来信中，有时会夹带上一枚小书签，有时会夹带上一帧倜傥又帅气的小照，有时会夹带上一首精致的诗作向《济南日报》读者拜年，等等。他总是会制造欢乐，像一位真正的浪漫主义诗人的样子。

我们有这么多通信，相关信封我却只保存下来一件。不过这一件尤其珍贵。这是香港回归不久之后的一个信封。它是友谊的亲切见证，也是历史风云的真实写照。

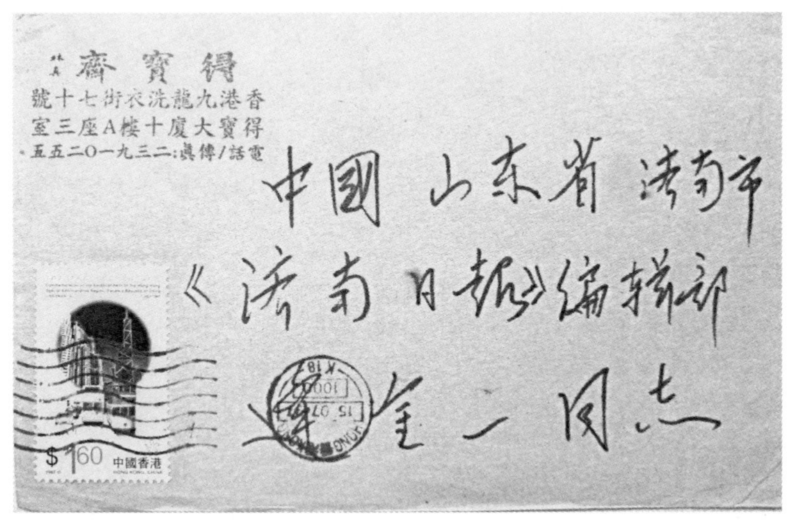

得寶齋　林真

香港九龍洗衣街七十號
得寶大廈十樓A座三室
電話/傳眞:二三九一〇二五五

逢全同志:

您好!承接美开晋教授转,嘱我将拙著《香港史风风雨雨》一册寄给您,请您收阅后转达给他,垂阅赐教我们。

再次感谢您们及美开晋教授评拙著的文章。附上一文,请审处。

王一桃
九七、六、卅

峻青文兄：影印給我[illegible]
逢年[illegible]先生大札收悉，知您收到[illegible]以及拙文拙著，非常感謝！
開拓峻青、[illegible]為我文學史上的[illegible]文。我又多了[illegible]，快何如之！！[illegible]多多指教。
大著已推荐給香港報刊，一有消息即行奉告。
再祝您[illegible]。
祝好！
王一桃 [illegible] 香港

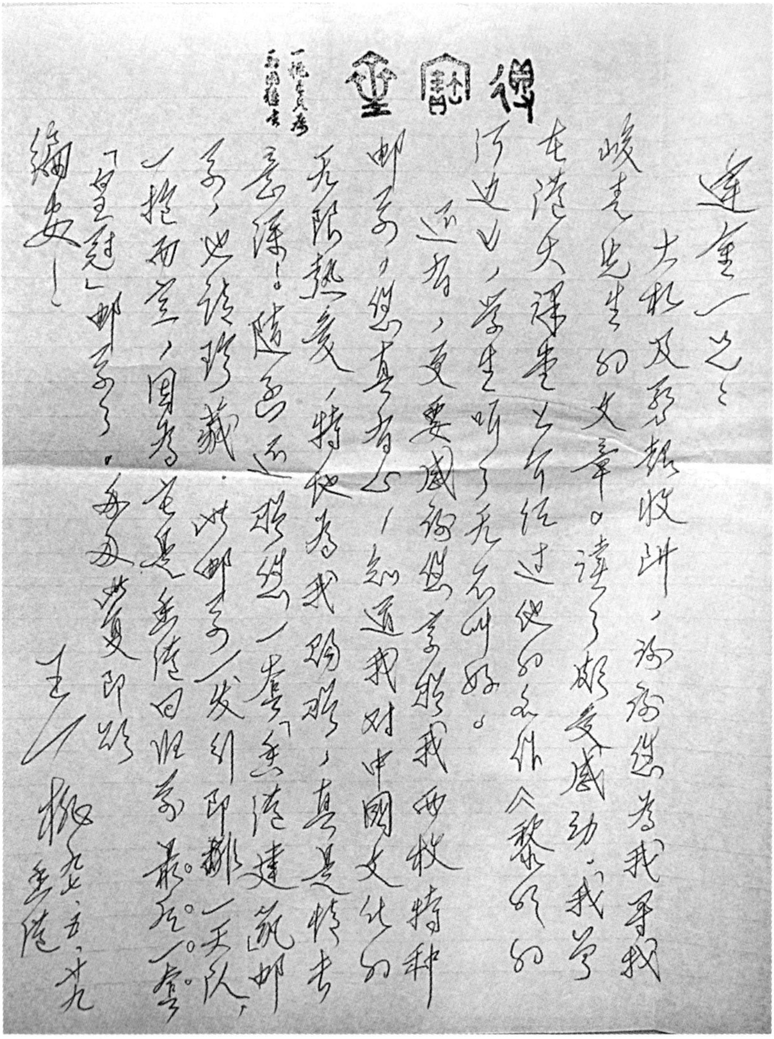

得寶室

再告：

魏巍诗友：《登列宁山夜望莫斯科》、

公刊诗友：《上海夜歌》

最近，应邀为某些报纸写了一系列

香港随笔，精选二篇送交您过目，

（这二篇文艺色彩较浓，我自己比较喜

欢），您若认可，就交您处理（不可使用

也请速退还我，因我已写了许多人情

稿，不好用来偿还，故请不必介意）。

感谢您对《诗艺术》的支持，再

赠您《诗与诗论》，请收下。

握手

王一桃

林真 得寶齋

香港九龍洗衣街七十號

得寶大廈十樓A座三室

電話/傳真：二三九一〇二五五

金心先生：

大札及剪報收讫，辛苦您了，万分感谢！再回报您一本，请收下。

从对拙作的处理，可见您工作十分热忱和十分负责，这是十分难能可贵的。我在此连用三个"十分"，均是实事求是的。

再写一诗给您，连带抄的工整整。您不要再提我的意见了。一笑！

握手！

林真 六、十一

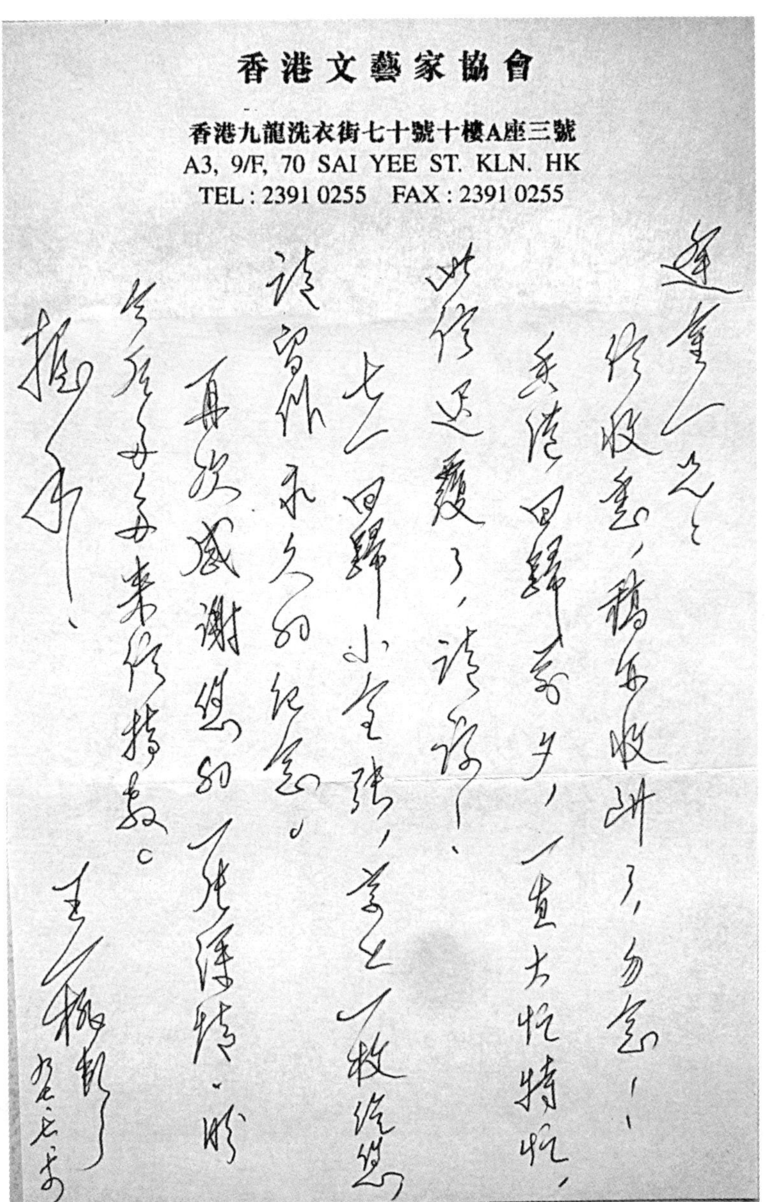

香港文藝家協會

香港九龍洗衣街七十號十樓A座三號
A3, 9/F, 70 SAI YEE ST. KLN. HK
TEL : 2391 0255　FAX : 2391 0255

逢金兄：

信收悉，稿亦收到了，多谢！！

香港回归前夕，一直太忙特忙，此信迟覆了，请谅，

七一回归小金章，兹付一枚给您，请留作永久的纪念。

再次感谢您的厚情隆情。盼今后多来信指教。

握手！

王一桃 敬上

九七、七、[illegible]

香港文藝家協會

香港九龍洗衣街七十號十樓A座三號

童一先生：

来函早于三月初收到，因忙于会务，迟复为歉！

多年前蒙您发表我诗作，盛情可感！想台北当年又能和您切磋创作，真是缘分非浅！

寄上《文艺报》有关我新著《诗情与哲理》诗集出版的报道，请过目。同时寄赠我主编的《香港文艺家》之作，请批评指正。盼多赐稿，即请

撰安！

王一桃

〇七.五.十八

世界華文文学家協会

逢董一先生：

大著收訖，陶醉其中！值此经济大潮冲击文学艺术之际，您仍执着地追求缪斯，并铸出自己的诗集。您是真正的文学童心，对艺术的爱好始终如一：令人既羡而妒嫉！

回赠拙著乙册，也请您批评指正。记得上世纪末《海南日报》发过我的稿，还给我颁奖。不知您还有印象否？

祝新年更进！

王一桃
二〇〇七.九

楊柳青放風箏　　李可染繪

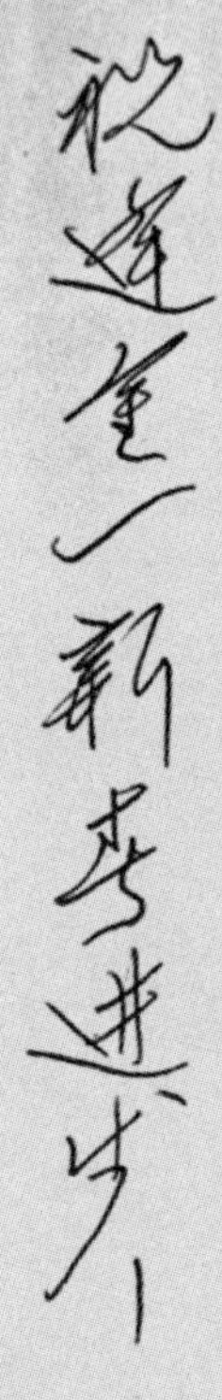

猪　年

传说尧派羿将野猪降伏，并驯育成家猪
从此以它哺养了几千年伟大中华民族
你看它相亲相聚，有如共守家园的先民
你看它为人奉献，有如喜酿金秋的五谷

试想假如没有猪，何以有家这美好归宿
瞧仓颉造“家”字，将猪引入人间千家万户
为了追求理想家园，陶潜描绘世外桃源
而杜甫《茅屋为秋风所破歌》尤感人肺腑

试想假如没有猪，何以有人这万物之灵
令一部上古人民征服自然史流芳千古
看这一页页创造和奉献，何等光芒夺目
闪烁华夏子孙源远流长的一片丹心谱

再想一想，假如没有猪，何以有四海一家
不信请看有海水处，即有黄河长江汇入
听普通话“关关雎鸠”令人向往诗经国度
更喜神奇方块字积木，将世华文学构筑

随　想

（香港）王　一　桃

然而有人却以狼心狗肺来对皇天后土
抽出炎黄血统，摇身一变俨如外星怪物
甚至妄想挖长城墙脚，将家断送于台海
不惜以两千万人生命作个人政治赌注

而那贪婪成性的暴发户则更横行无阻
光天化日之下竟将触须伸向他人住处
以“民主”作招牌、“自由”为幌子、“人权”当筹码
独夫意志强加于世，硬要闹个天翻地覆

这，就是猪年给大家、也是给我一大感悟
中华民族五千年的家，岂可不共同维护
看黄帝陵前凝聚了今天的十三亿尧舜
而我，更愿做大禹力挽狂澜中流砥柱

这，就是猪年给我，也是给大家一大启示
活着，就要为人类建和谐世界义无反顾
听“四海之内皆兄弟”又引人上大同之路
我，又怎能不为和平大家庭而全力以赴

一起向济南读者拜年——
此诗每年在贵报刊出、

肖复兴

[人物档案]

肖复兴，1947年出生，原籍河北沧州，现居北京。1968年到黑龙江生产建设兵团（现今北大荒农垦）插队。1974年，北京招考教师，肖复兴成了一名教书匠。1978年考入中央戏剧学院，开始发表作品，步入文坛。1983年加入中国作家协会。曾任《小说选刊》副主编、《人民文学》副主编等。已出版五十余种书，包括长篇小说《早恋》《青春奏鸣曲》《戏剧人生》《我们曾经相爱》《青春梦幻曲》《无处不在》等，以及中短篇小说集、报告文学集、散文集等多部。曾获首届冰心散文奖、全国第二届与第三届优秀报告文学奖、老舍散文奖、朱自清散文奖等。

[信札故事]

肖老师是济南读者的老朋友了，他给济南的读者写下了数十上百篇文章，在读者群粉丝无数。我们之间的友谊从纸信时代，经过电子信时代，一直持续着。我们之间的电子信数量达两位数，纸信至少也有十封。这十封纸信，多是正常寄稿、收报的内容，其中也有下列几封比较特别而更有意思，展示给大家一阅。

1997年2月28日这一封信，是信稿合一的，是一封比较特殊的信。肖老师在《济南日报》刊发的《关于杜甫》一文，出现了一个小小的笔下误，于是主动写信来认真更正。更正信本身就有看头，而更可珍视的，这一小笔误居然是“读者”邵燕祥先生发现的，他打电话给肖复兴，肖老师才意识到这个问题。我想这是极有趣的一段文人轶事吧。

邵燕祥先生那边的报纸，应该是我每期给他寄过去的。

以《人民文学》杂志社信纸写于8月9日的信，当然是肖老师在《人民文学》当副主编时所写的，他们在新疆开了一个主编会，谈刊物面临的困境与出路，形成一稿寄给我。肖老师一般是以一个作者身份对我，这一封信是为数不多的以一位朋友兼“国刊”领导的身份寄给我的。当领导嘛，除了个人写作，当然还得为全体、为整个刊物的命运着想了。

以《人民文学》杂志社信纸写于8月15日的信，肖老师着重谈了我的投稿。我也是一位写作者，也会写作投稿的，遭遇退稿的事也是常有的。这实际上是一封退稿信，但是我很信服。肖老师分析说我所寄的作品很见灵性，但是不适合刊物，因为短而单薄，刊物需要长而厚重的作品。肖老师说的是在理的。在长期的编辑过程中，我也知道报纸与刊物的区别，一个通俗而快捷，一个专业而钝慢；一个短平快，一个长篇幅；一个面向大众，一个极为文艺化与圈子化。肖老师分析得有理，我也并不认为不妥，这退稿信从而丝毫没有影响到我们之间的友谊。事实上，要不是翻检旧信，这档子事早已忘得无影无踪了。

以《人民文学》杂志社信纸写于12月1日的信，是我把一位热心读者写给肖老师的信转给了他，他很高兴，认为读者的评价才是最真的，也是他最在乎的，而文学界的托儿——肖老师信中幽默地给他们一个专称“托翁”“托姐”——太多了。

这封信也标志着我们的友谊从纸信向电子信的一个转换：他把他第一代的电子信箱告诉了我。这自然是最现代化的通信方式了，但也标志着我与他美好的纸信时代已进入倒计时了。

以广西教育出版社读书俱乐部信纸写来的信，日期可确定为2000年12月24日，随信寄来了肖老师为我的第一本读书随笔集《沙里的思想》所写的评论文章《埋在沙里的鸵鸟》，这篇读后感是发自真心的，指出了我的优点，也点明了我的缺点，写得恰如其分。这篇文章后来刊发于《中国教育报》的副刊栏目。

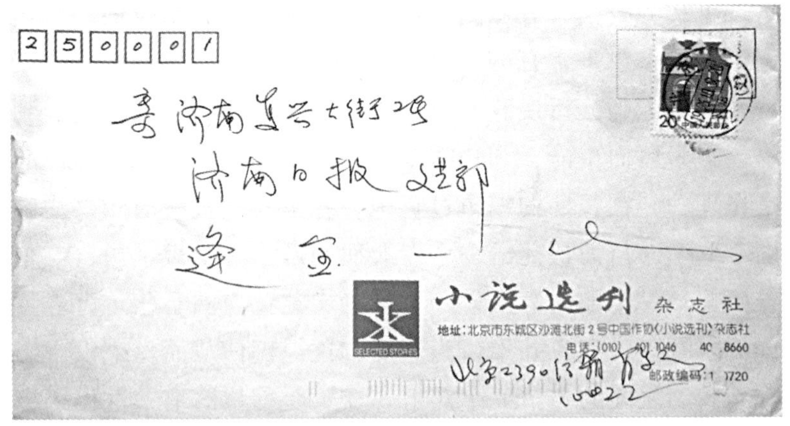

有意思的是，这篇读后感，肖老师是以印有诗作的一张打印纸的背面，二次打印的，这些诗作，看排版像是《人民文学》的作品。正是因为背面有诗作，反而给这篇读后感以历史固化的感觉。所以我说它是唯一的，是独一无二的。

这篇打印稿，大约可算为肖老师正式进入电子信时代的确证吧。

肖老师所用的信纸也有的一说。他所用的信纸五花八门，有《人民文学》的，有《小说选刊》的，有广西教育出版社某读书俱乐部的，有中外文化出版公司的，也有不知哪儿的一张白纸。如果有一门学问叫“信纸学”，则对此应该大有研究头。从信纸来看，肖老师就是一位跟朋友无拘无束、随性随和、毫无距离感的好作者。

金一：

　　你好！

　　信及报均收到，连同附寄四则，[illegible]？收到谢谢。

　　另《关于杜甫》一文有一误，附函烦请该报编刊登一下，予以更正，多谢！

立三 二月二十八日

编辑先生：

　　你好！刊发于贵报2月　日的拙作“关于杜甫”一文最后一段，有一错误。邵燕祥兄读到此文当晚即给我打来电话，指出“文革”时期郭沫若先生是扬李（白）贬杜（甫），而我恰恰给弄反了。烦请能将此信刊登一下，并向燕祥兄致谢，向读者致歉。

冯立三

1997年2月28日

小说选刊杂志社

地址：北京东城沙滩北街二号中国作协《小说选刊》

邮编：100720　电话：(010) 401.1846　406.8660

人民文学 杂志社

复兴：

你好！我们前些日子在北戴河开了一个文学期刊主编会，该刊物为迎接国庆出版。本社约稿于你，请支持。

祝好

8.5

如用，请寄我一份报纸

[illegible]

人民文学杂志社

金一：

你好！久未联系，收到来信，甚为高兴。看到你的一篇作品，很见你的灵性。只是这类小品文适合报纸用，[illegible]到刊物上，便显得单薄。[illegible]能坐下来认真写些厚重之作，而不满足于一时的灵感。[illegible]

[illegible]

祝好！

[illegible]

9.15

人民文学 杂志社

玉一兄：

你好！收到你寄来的报纸，非常感谢。也请你代我向作者致谢。我更要感谢您的评论，因为出书手续也如此的方便，同时现出出版家的"托编""托姐"方式，我也不能做这种无聊的了。

你有e-mail地址吗？请告。我的地址：xfx39@sohu.com

有事请联系

复兴
12.1

因缘，我们走到一起

因份，我们一同飞翔

Compeers

读书俱乐部

地址：南宁市鲤湾路8号广西教育出版社 邮政编码：530022

电话：(0771) 5854264 传真：(0771) 5850202 网址：http://www.gep.com.cn

埋在沙里的鸵鸟
——读逄金一的《沙里的思想》

肖复兴

在我看来，眼下我们的读书呈现出两种弊端的方面，一则是以读书为时髦，君不见越发豪华的多卷本的精装书大行于市，那些书大码样高折扣，肥了书商，个人买来价钱不菲，为何卖得还是不错？那些昂贵的书买来其实不是为了自己看的，而是气派地摆出来给别人看的；一则是以读书为时尚，流俗为同流行的唇膏、眼线和粉底霜一样的内容之一，最能说明这问题的是越是冰淇淋式快餐式的流行书读的人越多，这种流行大多靠的是媒体带有商业化的宣传，便得了传染病一样将书找来，便越是诸如演艺界的明星之类的书越是爱看，而越发冷淡古典和经典。

在这种情势之下，逄金一先生写出了《沙里的思想》一书，而这一书基本上都是他埋头三年阅读古典和经典书籍之后的所思所想，实在是让人钦佩的。因为作为普通的读者，我们其中的不少人已经坐不住这样的冷板凳，寂寞却认真地读书，与前贤去做遥远距离的促膝谈心，体味那种仅对一支烟、一盏灯和一墙冷壁、一弯残月的独有的读书乐趣了。我们便难有逄金一先生这样的寂寞和乐趣。

逄金一这样解释他为这本新书起名叫做《沙里的思想》的原因："我恰如传说中的鸵鸟，只会把头深深地埋进书中的沙海里，一埋就是三年。"他说在这三年中，他"同孔老夫子周游天下，同韩非子山中论道，同司马迁灯下抵足而眠……"而这一点，恰恰是这本书最大的特色。中国文化博大精深，想前一代作家和思想家的成就无一不是对这样的文化而付出过艰苦学习的代价，即使是出国留学归来的学者对国学也是学富五车，到了这们这一代，这一点的学问已经远远地落在后面而难以与前辈望其项背。如逄金一一样肯花三年的时间做这样扎实的学问，并不是所有人能够做得到的。

在这本书中，逄金一以简洁的笔触、清晰的思想，在历史中心游万仞，说金释元，谈明论清，既表波澜，又论化石，让我们感慨他读书之多，在努力汲取丰富的古典主义的营养的同时，尽力在那些发黄了的史册间发现属于自己的思想，将古今观照于一体，通达于今天之路上，是难能可贵的。他所说史记的四种之瑕、说春秋战国是精神的大撒把时代、他对吕思勉、梁启超、顾颉刚、章太炎诸位历史著作比较之中的析心解骨的论述，都有新意，且充满少年书生意气，颇为清新，许多地方能让人会心一笑。

大概逄金一过于欣赏海明威的文体风格，这本书的文字尽是断金碎玉，虽不时闪烁光彩，却让我也有一种不满足，便是不少地方往往可以深入发下去，却偏偏当行不行，不当止处止住了。比如，他所说的东汉气象的暗淡、大唐风气的辉煌、晋朝形象的模糊……无一都是好题目，咫尺应须论万里当然也是好的，只是这些题目都似乎太大，不是这样一篇篇短文章力所能及的，显然这些思考都还仅仅止于宏观的把握上，未能深入下去或准确地找到有力的一点挖掘下去。此外，另一种不满足在于作者有些思考仅仅局限在历史与文学之间，以史为鉴，通达古今，似乎还大有文章可作。眼下，多少有点学究气，会和一般的读者拉开距离。鸵鸟一样把头埋在沙海里，固然体现了一种执着的追求，但同时也应该从沙海里抬起头来，抖落一下砂砾，而望望四周正在发生的一切，将沙海、天空与大地连成一脉。

2000年12月24日圣诞前夕

舒　展

[人物档案]

舒展，1931年生于湖北武汉。1950年毕业于中央戏剧学院。在读大学时就爱向报刊投稿，毕业后去《中国青年报》工作，历任记者、编辑、编委、星期刊主编。1983年调入人民日报社工作，历任记者、编辑、《大地》副刊主编、文艺部副主任，高级记者。1982年加入中国作家协会。著有《当代杂文选粹·舒展之卷》《牛不驯集》《调侃集》《有戏没戏》《贪官的价格》《感觉时间》《贿赂谈往》《直立的人》《茶亭闲话》《硬骨头》《走近钱锺书》等。

[信札故事]

舒展先生1995年11月29日的来信中，寄来《阿甘：“我要尿尿”》一文，连带着方成老先生的专文配画。舒展特意嘱咐说：“方的样报稿酬烦寄他本人，万勿交我代转。”考虑得还是很仔细的。

这篇文章随后刊发于12月19日的《济南日报》。此文展示了舒展文章一贯的风格：嬉笑怒骂、活泼跳跃。文章聊着《阿甘正传》的电影与小说，实则指向了一些现实与历史话题，如右派、主旋律、某些文艺理论家……文章还拿阿甘与鲁迅笔下的阿Q相较一番，颇有比较文学的范儿。

舒展还有多篇文章刊发在《济南日报》，像1996年4月1日的《易卜生：一个伟大的问号》等等。

人民日报社公用信笺

金一同志：

寄上谈阿甘正传文，若不用，请速退。如用，可以样报稿酬径寄他本人，可勿交我代转。

致敬！

舒展

11.29.

陈忠实

[人物档案]

陈忠实（1942—2016），陕西西安人。1979年加入中国作家协会以来，发表中篇小说九部，短篇小说八十余篇，报告文学、散文以及创作漫谈五十余篇。短篇小说《信任》获1979年全国优秀短篇小说奖，长篇小说《白鹿原》获第四届茅盾文学奖。曾为中国作协副主席，陕西省作协主席、党组成员。

[信札故事]

陈忠实先生曾给我寄过一篇稿子，信写在1996年5月24日。他寄来了两首小诗，信中充满诗意地说：“三月归故国，细雨蒙蒙，油然而生思绪，遂成两首小诗。”随信还寄来了他的压膜名片。

10月22日的《济南日报》副刊《趵突》，刊出了他的这两首诗，名曰《回故乡》。这是两首古体诗，中间提道：“来来去去故乡路，翻翻复复笔墨缘”，表现了他对故乡的热爱与对文学的痴迷。其中又提到“魂系绿野跃白鹿”，也隐约可见到他的代表作《白鹿原》的影子。

资料显示，1992年，《当代》连载了《白鹿原》；1993年6月，《白鹿原》单行本出版；1997年，《白鹿原》获得第四届茅盾文学奖。他给《济南日报》写稿时，正是已发表的大作《白鹿原》准备问鼎茅盾奖的时候，颇显出其轻松、悠闲而充满诗意畅想的心态。

陕西省作家協會　主席
《延河》雜志　主編
陈忠实
西安建國路 71號　郵編：710001
電話：(029) 7422292(辦)　7428323(宅)

逢金一先生：

您好。所寄贵报收到，请释念。

寄上两首小诗，请您审阅。

三月归故园，细雨濛濛，油然而生思绪，遂成两首小诗。不敢称七律，怕招平仄之笑话。

专此不赘。

陈忠实

于[illegible]东坪

西安

陈建功

[人物档案]

陈建功，1949年出生于广西北海市。1957年随家迁至北京。1968年毕业于中国人民大学附中，后在京西煤矿当了十年采掘工人。1977年考入北京大学中文系，1982年毕业。先从事专业创作，北京作协专业作家，文学创作一级。曾任中国作协第七届副主席、书记处书记，中国现代文学馆馆长。陈建功主要从事小说、随笔、电视剧剧本写作。出版过的主要作品有小说集《迷乱的星空》《陈建功小说选》《丹凤眼》《前科》等，随笔集《从实招来》《北京滋味》等。

[信札故事]

陈建功先生的这封信是传真信。

传真信是一个已经退出历史舞台、快要全部消失了的特殊信种，因而此信也是极其有特色、极其宝贵的一份档案式记录。更何况，它还牵出了一件文坛轶事、几个人物的有趣交往。

那是2002年9月，陈建功先生在中央党校学习。14日是星期六，他于百忙之中来到济南，与正在这里参加全省青年作家创作会议的山东文学青年代表们见面，并结合自己的工作、生活、作协领导的经历，面对山东青年作家作品的现实，做了一场《喧嚣的时代，作家的激情和定位》的即兴演讲，给大家留下了深刻的印象。

我应该算作一个有心人，现场记录下陈建功的讲话，做了整理之后，随后发表在9月17日的《济南日报》上。

文章是这样写的——

陈建功认为山东的作家队伍阵营齐整，山东青年作家的作品不少已达到了全国水平，就对文学纯真性的追求来说，山东作家更执著。他认为，文学是一个民族情感的心声，真正有价值的文学作品都是饱满而生动地反映了一个民族的时代情感的作品。他勉励山东的青年作家们继续沿着正确的路子走下去，且须多读书，不断加强思想修养与知识学养，千万别急着出名。

陈建功同时也指出，山东作家的劣势在于不会炒作。

他认为，这是一个相对喧嚣的时代，文学出现了迎合商业需要的势头。大众或通俗的文化的基本特征是迎合或符合老百姓最基本的生活需要，是顺从的艺术，绝不颠覆。它不断地设定悬念，然后不断地去解扣，典型的是电视剧《渴望》。纯文学则相反，它要求有两个，一是要为读者重新铸造一个情感的世界，比如《骆驼祥子》，祥子的活法不同于其他人的活法，老舍就想传达一种新的经验。二是要为读者重新铸造一个审美的世界，《红高粱》中，写“我奶奶”

之死，在红色的高粱地里，在夕照之下，“我奶奶欢快地叫了一声”——以前没有人这样既新鲜又有征服力地写一个人的死。

他说：“现在的情况总的来说是大众文学繁荣，而纯文学冷落、压抑。”

他说他今年以来没看小说，因为现今的小说中，不是没有生活，而是没有思想。作家把自己的思想混同于老百姓的想法，使作品缺乏力度和深度，没能够重铸一个崭新的世界。

但是，他也认为，时代的喧嚣给我们的不会只是惶恐。

他说，在这个喧嚣的时代，有无数的崭新的各式各样的“当代英雄”的形象，不断给作家提供新的人物原型。在这个喧嚣的时代，人们，包括作家们，充满了更新知识的渴望。大到基因工程、纳米技术、现代电子传输技术，小到卡通片，作家们不随时更新自己的知识，不跟上生活的步伐是不行的。在这个喧嚣的时代，也充满了文学创新的迫切性。他鼓励青年作家们不只在象牙塔里读好书，还要走出去，去小剧场、去音乐界、去舞台、去咖啡馆……关注有艺术创新可能的一切途径。

在这个喧嚣的时代，也有一些误区应该注意，比如外国手法借鉴方面的误区，陈建功说，对外国的东西，不要生吞活剥，要化腐朽为神奇，要融会贯通、为我所用。一个优秀的青年作家，还要注意不断从中国民间艺术中去寻找新的养分，要能做到得其意而忘其形。

陈建功说，创作一定要遵循艺术的基本规律。真正留传于世的作品，不在于手法，而在于作品中渗透了作者“认同的煎熬”。贾宝玉身上寄托了曹雪芹的煎熬。全俄国人都认为玛丝洛娃是一个荡妇，而托尔斯泰却不这样认为，于是有了名著《复活》。一般人都有觉得哈姆莱特应该先去复仇，而这个丹麦王子却在一遍遍地考虑“是生存还是毁灭”，如果莎士比亚让他的这个主人公去复仇，那这只是一个通俗作品，而让他在那儿思考，这才有了不朽的人文的内涵。

陈建功提到还要注意一点，就是精英文学常有批评批判大众文学的势头，这在有时反映了精英们为了维护言语霸权而拒绝与大众文化通融的一面，这是不应该的。精英文学与大众文学缺一不可。在大众文学与精英文学之间的关系上，要注意普及与提高的辩证关系问题。

我在这篇文章的最后，说道：

“上个世纪八十年代以京味小说《鬈毛》《丹凤眼》《飘逝的花头巾》等蜚声文坛的陈建功，1995年入调中国作协后就不太写大的作品，而把主要精力用在中国作协的日常事务处理上。他说这些年的任务是把《青春之歌》改成电视剧，这是杨沫生前交代他的一件事，之外就是写点‘小文章’。他在会上所表现出来的热情洋溢、坦诚自信，还有他渊博的学识、风趣的言谈、开阔的视野，赢得了与会青年作家们的阵阵掌声。”

文章刊出后，影响不错。时任济南市作家协会主席的刘玉民打电话对我说：“陈建功说得很大胆啊！”

这篇文章发表后，我随手给陈建功寄了一份样报。过了一段时间，大约两周之后吧，我就接到省作协办公室的一个电话，让我某某天去省作协一趟，说是我的文章有“不实之辞”，让陈建功主席“很不满”，卢得志同志当面有话跟我说。

卢得志是当时的省作协一把手，也即山东省作家协会党组书记、副主席。放下电话后，我心忐忑，重新拿出文章读了一遍，方才放心下来，我大约知道症结之所在了。

到了约定的时间，我去了省作协。办公室人员让我在房间里等着，说卢书记正审着一系列文件，一会儿就过来。

没过多长时间，卢书记出现了。他把陈建功的传真信递给我，并很简短地跟我叙述了陈建功的意思，还是提到文中有“不实之辞”。卢书记希望在《济南日报》有个后续的报道，弥补一下这次的影响。卢书记最后的一句话让我记了一辈子，也可以看出他高超的认知水平与领导水平，他说：“这是一件文坛佳话，是文人之间的一件趣事、轶事，不必过虑，找个角度再写篇文章，给陈主席寄过去，他满意就行。”

在回去的路上，我就已经有了主意。那个错讹倒没什么。照片是我从网络上选的，是陈建功主席与女儿的一个合影，其实也没有什么，如果当时注明“图片来源于网络”就好了，但不注明也无根本大碍。陈建功先生最担心的，是说山东作家“不会炒作”这句话，这句话加上引号就圆满了。再一个，就是我对他的尊崇在文章中没有充分显现出来。

10月15日，一篇名为《名作家的“小心眼儿”》的文章在《济南日报》见报了，文章是这样的：

本报9月17日所发表的《陈建功泉城谈艺》一文，得到了读者的一致好评，一些读者来信或来电话，纷纷发表自己的看法，认为陈建功对当今文坛一些现象的看法颇有见地，不愧为一个名作家所言。

陈建功先生在见到本报的报道之后，却并没有如我所料的那样高兴，相反，他却“感到了一丝丝不安”，他跟我联系不上，就给山东省作协书记卢得志同志去电话，请他转述了对我的报道的感谢之情，以及他为之“不安”的原因。

他讲演时并没有照本宣科，而是滔滔不绝地作即兴之演讲，我在记录时难免有误记漏记之处，另外，此文在写完后，会议已经结束，陈建功已回到了北京，连续几天关闭电话赶一篇文章，我一时联系不上，因此文章并没经他本人过目，在更全面准确地反映他的见解方面，造成了一些细微的出入。

比如，我在文中说：“山东作家的劣势在于不会炒作”，这儿的“劣势”和“炒作”一词就应加上引号。陈先生说，加不加这两个引号，倾向性是不一样的。他的本意，是肯定山东作家们严谨的创作态度和深厚的生活、艺术功底。又如，他在文中说：“在现今的小说中，不是没有生活，而是没有思想。”陈建功说，此话是苏联评论家赫拉普钦柯在20多年前针对苏联作家创作所提出的一个观点，他之所以转引，意在提请大家注意在积累生活的同时，不要忽视思想对文学的烛照作用。如果不讲清楚，会造成对当代中国文学现状的误解。另外，他还说，他举的一个例子，应该是《安娜•卡列尼娜》，而不是如我所记的《复活》。

陈建功过几天又要出国考察，在电话里他嘱咐再三，出国之前一定要把这些话给读者交代清楚，不要欠读者的账。

在我看来，这些都是一些可以忽略不计的小细节，在这位名作家看来，都是很重要的事儿，他再三强调是自己讲得不清楚，发音不准，处处注意不伤我的自尊。其实，我心里明白，这其中的错讹，责任全在于我，一是没记录好，二是没给他本人过目、审定，在他的演讲结束后，虽然并没有发稿任务，但按捺不住激动的心情，非常想把他的精彩观点传达给更多的人，就急匆匆地写了那篇文章。他如此给我"面子"，更让我觉得自己真没面子。

他在他的作品中、在演讲中、在电话里，给我的印象是一个粗犷豪爽的北方汉子，而在字句的斟酌、语词的选用上却是这样的慎之又慎、这样的细致入微、这样的严谨负责、这样的"小心眼儿"，让我十分地惊讶、感动，当然也让我学到了很多很多。

我照例把样报寄给了中国作协的陈建功主席，也同时寄给了卢书记一份。不久，省作协办公室来电话了，说陈建功主席收到样报了，他对文章很满意，对我表示感谢。

放下电话，我心平静，同在办公室里的娃子大姐却有点不明就里：很满意吗？就这么简单？

就这么简单。大作家毕竟是大作家，他们体贴入微，善解人意，虽然严谨，然而大度、宽厚，什么问题都点到为止，一点也不过分，更不会去故意刁难人家。

从此我也就与陈建功主席有了更多联系。之后还有一次，他来济南的又一个活动，我又写了采访稿，这次提前给他看了一下文章，得到他的认可，才放心地发表了出来。

30-SEP-02 MON 08:54 ZGZX CHUANG YAN BU 64221879 P.01

0531-2867208 烦交 卢得志同志

①

得志：

百忙中麻烦您，真是不好意思。

以下三种文本，请择一选用，都可以。我建议您也找作者商量一下，以澄清事实，不伤害作者为前提。对我的骚扰，谨致歉意。

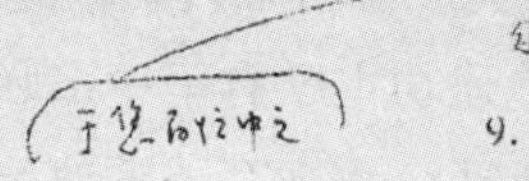

建功

9. 30.

来函照登

济南

《▇▇日报》负责同志：

读了贵报9月17日刊登的《陈建功▇▇（泉城）谈艺》一文，颇感不安。撰写此文的记者动机是好的，但文中转述我的一些观点，并不准确。引用的一些例证，也有错讹。因篇幅关系不拟一一更正。记者撰写此文，我并不知道。撰写后，也未曾找我过目。随文发表的旧照，也不是我提供的。特去函予以说明。当然，我还想再次强调，记者同志完全是好心，甚至连贵报所刊文章也是该记者寄给我的。故此万勿对记者加以责备。但总结经验，严谨作风，则是必要的。

贵报若能将此函照登，当不胜感激。

陈建功

2002．9．30．

来函照登

济南

《▇▇日报》负责同志：

30-SEP-02 MON 08:55 ZGZX CHUANG YAN BU 64221879 P.02

(2)

读了贵报9月17日刊登的《陈建功谈艺》一文，感谢贵报对山东省青创会的关心和支持。但作为陈建功演讲时在场的听众之一，我感到报道中转述讲演者的一些观点，并不准确。引用的一些例证，也有错讹。因篇幅关系不拟一一更正。为对演讲者负责，我觉得有必要去函予以说明。当然，记者完全是好心，但总结经验，严谨作风，则是必要的。

一读者

2002. 9. 30.

来函照登

《日报》负责同志：

读到贵报9月17日所刊《陈建功谈艺》一文，感谢贵报对山东省青创会的关心和支持。但作为陈建功讲座的主办者，发现报道中转述讲演者的一些观点，并不准确。引用的一些例证，也有错讹。因篇幅关系不拟一一更正。为对讲演者负责，有必要去函予以说明。当然，记者撰文，完全是好意，但总结经验，严谨作风，则是必要的。

山东省作协青创会秘书组

2002. 9. 30.

张　炜

[人物档案]

张炜，1956年生于山东龙口。发表作品一千三百余万字，被译成英、日、法、韩、德、瑞典等多种文字。在国内及海外出版单行本四百余部。主要作品有长篇小说《古船》《九月寓言》《外省书》《远河远山》《柏慧》《能不忆蜀葵》《丑行或浪漫》《刺猬歌》《半岛哈里哈气》及《你在高原》（十部）；散文《融入野地》《夜思》《芳心似火》；文论《精神的背景》《当代文学的精神走向》《午夜来獾》等。1999年，《古船》入选“20世纪中文小说100强”和“百年百种优秀中国文学图书”；2008年，《你在高原》获茅盾文学奖。

[信札故事]

张炜主席与我交往深厚，我曾数度采访他，写下的访谈与评析文字加在一起也有万余言了，其中比较早的一篇，是发表于《文艺百家》杂志的《感觉之剑》，这也是后来让刘烨园老师颇为欣赏的一篇。

这是一篇对张炜主席域外作家随笔集《心仪》的评析文章：

张炜的域外作家小记《心仪》，是我最近这几日的枕边书。

这不是正规刻板的理论性著作，而是充满着灵动丰富的感悟的印象主义式随笔。张炜轻松地抛弃了传统性评介角度，诸如“思想性”“艺术性”“主题”“情节”“人物性格”等等。张炜择用的切入点是多姿多彩、溢满智慧的：结构、才华、艺术趣味、张力、笔锋、视野、力度、内力、境界、创造力、灵魂、作家的日常状态、艺术品格、艺术才能、质地、色彩、叙说的节奏、韵致、风度、技巧性、激情、想象力——张炜在这里给人的印象不是一位权威理论家，而是一位文学品味者、文学美食家。

张炜对域外作家的把握大致是准确的。所谓准确，即他感觉到了大家所感觉到的，并说出了大家想说而未说出的。比如他论陀思妥耶夫斯基：“他的博大和慈爱与偏执和冷酷一样显著触目。”论普鲁斯特：“他将自己仅有一次的生命如数地押在了一部长长的著作上，一场无声的劳作上。他没有渴望与这种劳作精神相去甚远的酬谢和犒赏，无论它来自哪个方向，他都全无兴趣。就是这种罕见之至的纯粹性，才使一部长卷具有某种无从想象的洁净和丰富华丽感。”再如论茨威格：“‘雅俗共赏’的评价对于他是真正适用的。”“我们觉得他有大师的力量，但没有那样的色调和特质。比如说他还不够苍浑和博大，比如说他没有一生专注地表达某种思想，没有形成自己的哲学。”

张炜的目光是苛刻的，多清醒之论。如说西蒙：“我们未来的文学史家也许将用充满同情和怜悯的眼光看着他。”如说川端康成：“不过他毕竟只局限在那样的一种境界中，先是清美——正是这种清美使他不朽——接上就有点腻了。”再如说亚玛多：“如果全部地、仔仔细细地阅读亚玛多的作品，大概也有点划不来。”

“伟大”是张炜珍重的字眼。他认为贝娄缺少“伟大感”，认为现代派作家，难得享用“伟大”这个词汇，认为马尔克斯只是“伟大的匠人”，但不是“伟大的诗人”，连高尔基也仅仅是个“大师”。

维克多·雨果才是伟大的。而张炜心目中至为伟大者是列夫·托尔斯泰，在那篇五百字的随笔中，张炜用了五个“伟大”，并不容置疑地宣布：他（指托尔斯泰）是“伟大”的代名词。这里看出张炜的理想、追求、方向和偏爱。

张炜把“伟大”这个词最后也给了托马斯·曼，这一点令我稍稍感到陌生。

这个集子中所贯穿的思考还有：形式永远是第二位的，光有技巧性没有激情的作品不会有太久的生命力；现代派艺术的市场价十分可疑；等等。

《心仪》的语言像清澈山泉冲刷中的千年鹅卵石，圆润明净，闪烁着稳定的哲性光泽：“略萨是不正经的，一正经就影响了才华的发挥。”“他（指毛姆）的作品很好读——但好读的却不是他最好的作品。”“我们常常发现新奇的东西往往是不那么淳朴的，所以有时那些独特性是要大打折扣的。”“托尔斯泰的故事差不多等于大地的故事。”

书不长，但仍有自己的节奏和呼吸。主要的部分用第三人称，呈俯视姿势，篇幅简短内敛。从里尔克始，张炜突然拉长了篇幅，集约的文字开始放开手脚，目光变得温和，呼吸变为和缓，作者与对象之间有了朋友般的对视。到了帕斯捷尔纳克，张炜又换成了第二人称，有了抒情笔调，姿势是仰视。《从热烈到温煦》开始，第二、第三人称并用，又过渡回刚开始的口气。

仿佛一条感觉的旅程。在路上，张炜先是表情严肃审慎，冷静地赏评。接着大步流星。甚至还奔跑了一段。这也看出印象主义式随笔的随意性和灵活性。

张炜审视着。在审美中审视。在感觉中审美。“我觉得”“他有点像”“给我……的感觉”等等都是典型的印象主义语言，还有色彩、味觉、嗅觉、触觉、听觉等方面词汇的腾挪借用等等。

张炜很少分析具体作品，他不耐烦或者仅仅是不习惯于文本、微观分析。简略，抽象，像快照，像微风涟漪，不是那种把人的感觉和灵魂连根拔起全部征服的巨风大浪。张炜更倾向于“我注六经”，而不是“六经注我”。对作家们的分析中加进了他自己的声音，这些声音有时甚至走得太远。

像一柄感觉之剑。虽则缺少规范正经的评论著作的周全，但总有剑似的锋利深刻的东西在看似不经意之间刺中你。

有些出入不是观点上的，只是感觉的差异。张炜的许多感觉是独特的，只属于他个人的。比如他失望于从巴尔扎克处找寻不到“更多的诗意”。其实本分客观的研究者很少会从巴尔扎克这位挣扎于资本主义重重物质环境包围中的作家那儿找寻诗意，只有张炜这样诗性强的人才会为巴尔扎克“过分关心钱”而叹息。另外如张炜不看重海明威的《永别了，武器》，把普希金比作李白等等都较强地彰示出他的个人艺术趣味。

这篇文章，也是我写的关于张炜主席的文章中，自己比较满意的一篇。因为后文写刘烨园时还会提到此文，故不揣浅陋附于此。

下面接着说通信——我与张炜主席多是通过电话联系，这么多年来，纸信居然只留下这么一封。

这是一封写于1994年10月14日的信，是一封堪为楷范的纸信佳构。

信先“起”。张炜主席说已久未联系了，他现在龙口，回济后再与我联系。

接着是“承”，这是说主要事的。张主席说有一位画家叫范存刚，“有悟性，先天能力超出一般”，他很重视也很喜欢范的画。说画家要在济南举办一个画展，请我去一观，能报道一下更好，但这个也不便勉强我。张主席是一个热心肠的人，也善解人意，不会去勉强别人做不愿做或不能做的事情。他语气的婉转与体贴，体现了其超人的修为。

接着是“转”，谈到了我的诗文创作，“近期你诗文多否？回济后请携新作一读为快！”张主席关心年轻人的成长，他在多个场合比较高地评价过我的作品，后来还曾为我的诗集《寻找》写过一个序言。此处当是他在鼓励我要多读多写了。

最后是“合”，谈的是胶东秋天之美。“秋天胶东甚好，来时告诉我一声。”从世俗事物中转而清谈大自然，这是传统中国人的思维习惯，天人合一，以景寓情，此处更寓含一切顺利美好之意。

全信简短而浑然天成，颇见张炜主席文字火候之上乘。

而且这也是一篇难得的毛笔书信，应该是张炜主席早期毛笔书信的佳作之一，从中颇可见张炜主席当时心情的舒畅通达——我想，他可真是一位极善于从经典文字以及浩阔永恒的大自然中汲取养分的传奇性人物啊！

金一：

好好：久未见，我一直在龙口，四月内，今

有了：这里的一位画家不久去香港作

画展，特邀请你去，他所存册，

有情性，先天能力超出一般，我很

重视也很喜欢他的画，你若对此展

给予一些报道，当然太好了，但这个

不必复书。你先看看再说。近期你[illegible]文多[illegible]之，回信后请[illegible][illegible]一读为快！[illegible][illegible]联系[illegible][illegible]，来时先通我一声。

张炜 一九九〇年十月十〇日

李心田

[人物档案]

李心田（1929—2019），江苏睢宁人。1950年毕业于华东军政大学，参加中国人民解放军，从事部队文化教育和文艺工作。历任解放军第二十八速成中学教员、原济南军区文化部干事及前卫话剧团创作员、创作室主任、副团长、一级编剧。从1953年开始写作，发表过诗、小说、电影文学剧本等。著有长篇小说《寻梦三千年》《结婚三十年》《梦中的桥》《跳动的火焰》《十幅自画像》，中篇小说《闪闪的红星》《人的质量》《沙场春点兵》《蓝军发起冲击》及多部话剧剧本等。

[信札故事]

李心田老师曾写给我一封信，并曾给我写过一篇评论，皆以书信的形式保存了下来。

在那封信中，李老师重点谈的是他的新作《寻梦三千年》，谈三十一年写成此书，谈此书出版后的良好影响，谈在《济南日报》上的宣传等。这封信没具时间，当为《寻梦三千年》出版后不久写就的。

2007年2月5日，李老又给我的诗集写了一个评论。我的诗集《大地繁华》出版后随手给他寄了一本，只是礼貌性地一寄，也没期望他老人家能写点东西，更没料到的是他竟然写了那么长又那么好的书评，真是意外之喜！他对我的诗作评价比较高，有一首小诗，他甚至认为“会写入‘咏梅’史的”，这一点我只能理解为是对我未来的期许，片刻不敢以此为骄傲。当然，他也客观地指出了我的好多不足之处，让我心悦诚服。

不过，既然李老提到了我的那首小诗《梅花鹿之想》，在此也不妨列布一下，算作李老信的一个注脚吧。

月圆之夜
一个奇想
似供香徐徐飘入上神之鼻
圆融于我的脑海——

也许
世上本有一枝奇特的梅
她是天帝的小女儿
风流的天帝和美丽的冬女神
只交换了一次目光
世间便有了她
她说，于是山溪更清脆
她唱，于是花儿更灿烂
她笑，于是阳光更明亮

她爱上了
一只高大健壮的北方的鹿
第一娘娘却令她嫁给臭椿
坚不相从
犯了天条第11章第22条第33款
娘娘便责令——
一生不让她扎根泥土！
永远不许她花开枝头！

倔强的她
将根
扎到情人的肉里
枝干为角！
将美丽的花
开在情人的身上
花团锦簇！

李老是老派文人，到2007年还“没有电脑，只能手写”。但也正因为他的老派，这宝贵的书信与珍贵的评论才得以完璧般地保存了下来，以同样“老派”的方式。

历史的发展，总是辩证地前行，而不是单向度地、直线式发展，看似老派之处，往往又涵含着常新的可能。

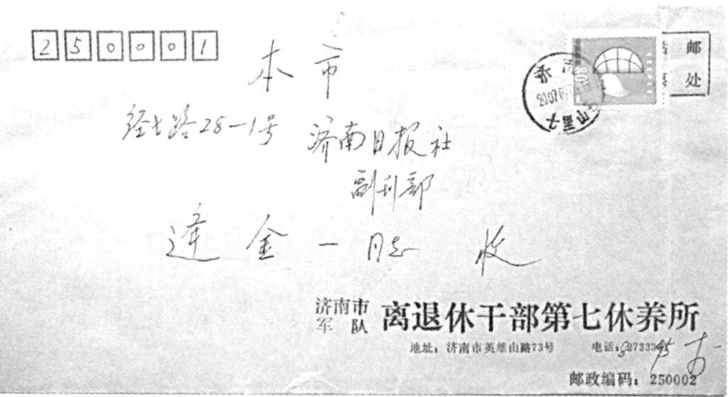
250001
本市
经七路28-1号 济南日报社
副刊部
逯金一同志 收

济南市军队离退休干部第七休养所
地址：济南市英雄山路73号 电话：82733
邮政编码：250002

逯金一同志：

你好，前天托广新同志捎去拙作《寻梦三十年》一册，想已收到。

这部长篇，我思考了约二十年，自觉准备了十年，花了一年半时间吃力地写了出来。有些情况，在《后记》中我已说了。

尽管这本书尚有不尽人意之处，一经出版，就引起读者的关注，武汉的长江日报已将其连载（用现实的那部分，每期1500字，共36期载完）这期的《小说选刊》（长篇增刊）也发表了这部书的梗概。据本书责编告诉我，一般性的书评已见到五篇了。

请你抽些时间把这本书看一下，在你的《书林》

上发了书讯，为你所写过批评文章，更是我非常感激了。

山师大的吕家乡教授读了这部书，给我打电话说很喜欢，并准备写点文字，为《书林》可发此类文字，请与他联系一下。

我们曾经通过电话，但不熟，诸多麻烦，尚祈见谅。

敬礼。

李心田

经九路56号301室

电话2902210　（或2187229）

金一同志：

谢谢你赠我《大地繁华》。

打开集子，我被第一首诗吸引了，便读了下去。用一天时间读完。觉得有些话要说，便又用一天时间，读了第二遍。

现把要说的话写给你。

一、你的诗，有情趣，有修养。说情趣，是指诗的特色、轻巧、精致、兴味盎然，可以把玩。说它有修养，是指诗的品格、学问、性情、文字，即诗的专业化水平。我以为，写诗的，要具有诗的专业知识，写散文的，要有散文的专业知识，写小说的，要有小说的专业知识；否则就会出现非诗、非散文、非小说现象。你不但专业，而且在水平线之上。

二、有深思熟虑之作，也有偶然捉到的灵感飘带，但都是"诗"的，含诗量都很高。开卷之作《梅花鹿之恋》更具创意。我一边读，一边想象出一幅幅动漫画来：多么有个性的梅诗；多么有个性的诗人。我喜欢"零落成泥辗作尘/只有香如故"，也喜欢"疏影横斜水清浅/暗香浮动月黄昏"，也称赞过我同辈的"独立/寒天/喊雪。"今天读了你的《梅》，眼前奇峰突起，我不得不击节："好，好，"这首诗要写入"咏梅"史的。

你把碎玉，有时是璞玉，收藏在抽屉里，有空儿就拿出来端详一番，琢磨成器，摆出来就成为一道迷人的风景。这是爱诗人的习惯动作，李贺背后的口袋里就装满散金碎玉。

三、集里的讽刺诗，我都喜欢。对一些丑恶现象，你是动真情的，写得很冷，读了手上要起栗的。如果说诗歌还有战斗性，那么你就是位勇士。有一件事你是知道的，马雅可夫斯基的《开会迷》，得到列宁的称赞。可惜，那样的诗，在我们这儿是不能见容的。

四、集中收入1987年4首，1988年2首，很可贵的。看，那时思想多么自由，天马行空，诗的境界也就大就高，就无所羁绊。这是后来诗中所没有的。我很怀念那两年，那是中国文艺的春天。

五、两点建议。一、不要把话说尽了，诗怕一览无余。如《风景》之26，那后面两行太实，把底亮了；前面就是诗，后三行是白话。像这段诗有点滑稽、幽默，滑稽也是美，但那属于另一范畴，而不是"诗"美。二、前置词"在……上"，你在许多地方都用，用多了，就有"套"的感觉，要注意，少重复自己。还有"风"，它是很好的意象，你用来得心应手，如果把全集统起来看，它出现的次数似乎多了些。这两点，全不是毛病，注意一下，诗会写得更好。

总之，读了《大地繁华》我很高兴。不只是你的诗给我愉悦，更让我看到了一位把生命和诗与大地凝结在一起的诗人。

春节就要到了，祝节日快乐！

李小雨
二〇〇二.二月五日

我没有电脑，只好手写。

张海迪

[人物档案]

张海迪，1955年9月16日出生于济南。15岁时，张海迪随父母到了当时聊城莘县的一个贫穷的小山村。虽然自己身体有所不便，但她始终对人生充满着信心，她到村里小学教孩子们读书，还学会了针灸等医术，为群众无偿治疗达1万多人次。

1983年，张海迪开始文学创作，先后翻译了《海边诊所》《小米勒旅行记》和《丽贝卡在新学校》，创作了《向天空敞开的窗口》《生命的追问》《轮椅上的梦》《绝顶》《天长地久》等200余万字的作品。

也是在1983年，《中国青年报》发表《是颗流星，就要把光留给人间》，张海迪名噪中华，获得了两个全国性赞誉：一个是“八十年代新雷锋”，一个是“当代保尔”。她历任第九、十届全国政协委员。2008年当选中国残联第五届主席团主席，2013年选举连任中国残联第六届主席团主席。2014年当选康复国际主席。2016年，担任里约残奥会中国代表团团长。现任中国残联主席、北京冬奥和冬残奥会组委执行主席、中国残奥委会主席等职。

[信札故事]

20世纪90年代初期，我到济南日报社任职时，海迪已是星光熠熠了。我们那时都习惯叫她“海迪大姐”。

她也真是名副其实的大姐，热情似火，给我打电话时能够止不住地说呀说，给我的感觉就是一片阳光灿烂的云天。

她给我的这封信，写于1996年6月18日，信的开头是感谢我编辑刊发她的《我是船 书是帆》一文，说“很多学校的老师读后来信或打电话，要我去他们学校给孩子们讲讲读书生活”，可见此文反响之大。这篇文章，我是分两次，于1996年4月1日和4月15日刊发的。

这篇文章是海迪大姐对自己读书生活的一个总的回忆与概括，生动、炽热、详尽。在病床上的读书，20世纪70年代在农村的读书，攻读硕士学位时的读书，20世纪90年代的读书，等等。“有时候一本心爱的书累得眼睛充血，朋友们见了，便唤我是‘红眼狼’。即使变成红眼狼，也还是继续读。喜欢读书的人，也像穿上红舞鞋，停下来是很难的。”

在文章结尾，海迪深情地说：“在生活的大海上，我是船，书是帆，这帆给人动力、给人智慧、给人勇气。每个热爱生命的人都应该热爱好的书籍，好书都是我们人生道路上的良师益友，它们给予我们的精神上的快乐，给予我们奋勇向前的力量，好书给予我们的力量源泉是永远不会枯竭的。”

海迪信中还提到过两篇文章，后来也经我编辑刊发，反响都是特别好。

海迪信的签名也极其别致、高明，不易模仿，我想这一定是经过精心、巧妙设计的吧！

金一南兄：

你好！

感谢你为我编辑的《我的路》，书出版以后，很多学校的老师读后来信找我谈生活，要我去他们学校给孩子们讲讲读书生活，我想只有生活能用文章说话。常收到一些青年，特别是一些大学生的信，问我怎样学英语，有什么诀窍，我只是说有了"一本[illegible]的书"，其实我那时除了热情和努力，别的就没有什么条件了。今天的孩子们应该比我们那一代学得更好，也一定会学得更好。还有一篇写给韩国朋友来信的，也没做了事。文章肯定诸多不足，有什么不妥的地方还请你多提意见。

祝工作顺利！

海迪

共青团山东省委　15×14=210　第　页

96.6.18

韩少功

[人物档案]

韩少功，1953年出生于湖南长沙。曾获境内外奖项：1980年、1981年全国优秀短篇小说奖；2002年法国文化部颁发的“法兰西文艺骑士奖章”；2007年第五届华语文学传媒大奖之“杰出作家奖”；第四届鲁迅文学奖；美国第二届纽曼华语文学奖等。作品分别以十多种外国文字共三十多种在境外出版。另有译作《生命中不能承受之轻》（昆德拉著）、《惶然录》（佩索阿著）等数种出版。曾任第一、二届海南省政协常委（兼），第三届省人大代表，第三届海南省文联主席、省文联作协党组成员、书记。2011年卸任以上职务。现兼职中国作协主席团委员、全委会委员，海南省文联名誉主席，湖南师范大学“潇湘学者”讲座教授。

[信札故事]

韩少功先生这封信写于1997年7月7日，当时他的名作《马桥词典》风头正健。我读了之后，写了一篇文章《被翻译了一遍的马桥》，发表于1997年第3期的《出版广场》上，这是福建的一个省级刊物。之后我把这篇文章寄给韩少功，问了他一个技术性的问题：在写作《马桥词典》过程中，您所采集到的内容肯定很多，但最后采用的是少数，那么，删除不用的是哪部分？又为什么不予保留呢？其实我想说的是，我想看到一个真实、全面的马桥，而不只是一个被他过滤了一遍的马桥。

不久他给我回了这封信，说马上要来济南，在济南也许能见面，那时可好好谈一谈。

不久他真的来济南了，是山东省某一个出版社搞的一套散文、随笔丛书，编选了国内好多名家的作品，其中有他的，有山西李锐的，也有张炜、刘玉堂的，我作为记者参加了座谈会，抢着坐在了他身边。我记得当时坐满了人，话题很集中，就是谈那套书，所以我们也没有机会单独聊那个话题。

韩少功的这封信虽然简短，但意义重大。他在信中提到对小说原材料处理的“三维度”和“双遮蔽”，即对原材料有意无意的取舍，“显现着作者的兴趣、知识与情感的维度”，而“打破一种认识模式的遮蔽，又会形成新的模式和新的遮蔽”。

他的“三维度”和“双遮蔽”之说，完全可以写成一篇像样的论文来阐述，我的兴趣目前暂不在此处，这个工作，还是留给后来的人吧。

关于韩少功，我还写过一篇《行走着的韩少功》，是对他的《心想》（天津人民出版社，1996年3月版）所写的一个随感录，发表在1996年12月28日的《作家报》上。此外，韩少功先生是很少给市级报纸写稿子的，但是在我的约请之下，他还是给《济南日报》写了一批稿件。互相留了电子信箱后，他与我也往来过十一通信之多，这其中当然主要是约稿方面的内容了。

逄春阶先生：你好。

函接。过两天我就来济南，参加出版社一个活动，但不知能不能在这里到你，故还是复信。被"评"过了的"马桥"文字得来虽轻松，却见用到位。当然是"评"过的，不是"全书"，但传的材料恐怕都会经过主观的过滤，有意或无意的取舍，显现着作者的兴趣、知识与情感的积淀。打破一种认识模式的遮蔽，又会形成新的模式和新的遮蔽，但打破的过程是有意义的。

谢谢你约为贵报写点什么，但我写得很少，不堪应付，心有余而才力不足也。多请原谅。信收悉 谢谢。

韩少功

1997.2.7.

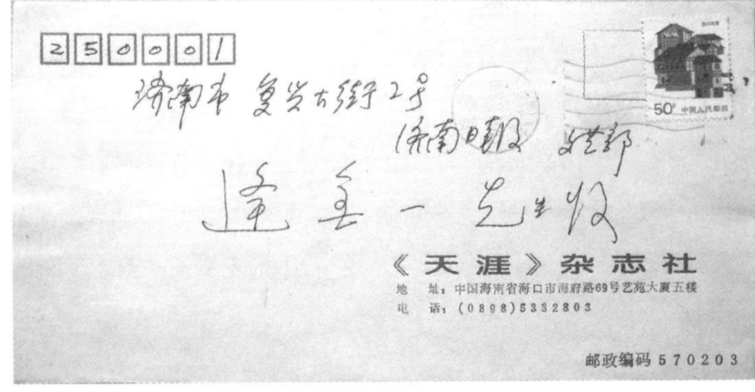
250001

济南市 经七路 号

济南日报 文艺部

逄春阶 先生收

《天涯》杂志社

地 址：中国海南省海口市海府路69号艺苑大厦五楼

电 话：(0898)5332803

邮政编码 570203

池　莉

[人物档案]

池莉，1957年出生于湖北仙桃，现居武汉。湖北省文联副主席，武汉市文联主席，中国作家协会会员，中国作协第九届全委会委员，连续四届全国人大代表。她的作品大部分体现了武汉的特色，她写的人物大部分也和武汉这座特大城市的性格有关，多部作品被改编成电影和电视剧，社会反响强烈。著有小说《来来往往》《烦恼人生》，作品合集《汉口情景》等，曾获全国优秀中篇小说奖、鲁迅文学奖、小说选刊奖等五十余项奖项。

[信札故事]

池莉女士这封信写于1995年10月25日，她开头即提到了武汉的特点之一：热。她是去外地避过武汉的炎炎夏日之后，才从容地回武汉“定居”下来。一个“定居”用词，很让我咂摸玩味了一会儿。

她提到我所问起的“平民文学”的话题，并没多讲，随手寄来了一篇随笔文章，是她文集的一个后记。她说这篇文章里就包括她“一贯的文学思想”，并表示此文在我们这儿是首次发表。

这篇文章于11月21日刊发于《济南日报》，名曰《难得一个“修”字》。

这是江苏文艺出版社《池莉文集》的后记，也是她个人的一个小自传。在文中，她认为自己是“一个没有家的人”。“文化大革命”、上山下乡、三年困难时期……她的前半生被“一段一段的政治运动所分割”，所住之处移来移去，有时候父母在身边，有时候他们不在身边。而在这过程中，她爱上了文学。

她对文学有自己独到的认识，认为“我们的当代文学整个都处在幼年阶段。我们使用白话文写作的年头的确不长，我们需要一定时间的修炼。而汉字是一种多么富有张力又多么复杂的文字啊！”她认为，当到了一定时候，运用汉字的技巧真正做到了炉火纯青时，描写中国人和中国人生活的伟大作品才会出现。

在这封信的最后，池莉还简单地表扬了我的版面。

武漢市文学藝術界聯合會

逢先一：

你好！

暑日完全出去，方才回武汉定居下来。你的信迟复了，抱歉。

关于“平民文学”，我没有多说什么，也不愿多说。写小说的人只愿意多写小说。但我近期出版的文集中有一后记，其中有我一些的文学思想，寄去（未发表过的）。

你的版面办得很不错！

祝

编安！

池莉

95.10.25

叶延滨

[人物档案]

叶延滨，1948年生于哈尔滨。1982年分配到四川作家协会《星星》诗刊任编辑、副主编、主编共十二年整。1994年调北京广播学院文艺系任系主任、教授。1995年调中国作家协会任《诗刊》主编等职。曾获中国作家协会优秀中青年诗人诗歌奖（1979—1980）、第三届中国新诗集奖（1985—1986）以及十月文学奖、四川文学奖、北京文学奖、郭沫若文学奖等四十余种全国及省以上的文学艺术奖项。现任中国诗歌学会副会长等职。

[信札故事]

叶老师是《济南日报》的老朋友，为济南读者撰写过数十篇脍炙人口的散文随笔作品。他跟我有多封纸信，基本上是以事务性的为主，就是寄稿说稿之事，所选的这四封略有些题外之意，想与大家分享一下。

其中一封，叶老师提到，“通过书信稿件，过去的95年多了一位你这个文友，十分高兴”。这封信提到了时间，那应该写于1995年岁末或1996年年初了，是较早的一封。

另有一封，他提到，“我与《济南日报》的联系，因您而起，一直十分感谢”。说的是我们之间的缘分。虽然叶老师所有的信中，对我的称呼永远都是颇为正式的“逄金一同志”，但这些信有力地证明他是一个虽然性格内敛但极其看重情义的人。

最后一封，是商量在《济南日报》开设一个栏目的事宜，他建议不可太密集，最好十天或半月一次，这样更能保证供稿质量。这体现了他的勤奋与精益求精的作风。

叶老师还给我寄过一个别致的贺卡，我也一直保存着。这是诗刊社自己设计的，有当时所有采编人员的签名，中间可以折叠，左侧是采编人员签名的印刷体，右边则可以写信用，叶老师照例给“逄金一同志”写了一封短札，从内容上看，应是收到了我所寄的一本小诗集，时间应该是2000年——“新世纪的祝福”嘛。

诗刊社　地址：北京农展馆南里十号中国文联大楼五层
邮编：100026

延滨同志：

您好：

从南方回来，收到材报，谢谢。

通过材料得知，您去年身子经历这个变故，也很辛苦。

寄上一篇拙作，如能采用，那还有谢。只是想借机祝您新年快乐！

祝好！

[illegible]

诗 刊 社

送宋一帆

德林：

你前信收到了，谢谢。

我可以同意在贵报开个栏目，谢谢你们。只是不可太密，最好是十天或半月一次。这样，我可以保证供稿的质量。附寄上

诗　刊　社

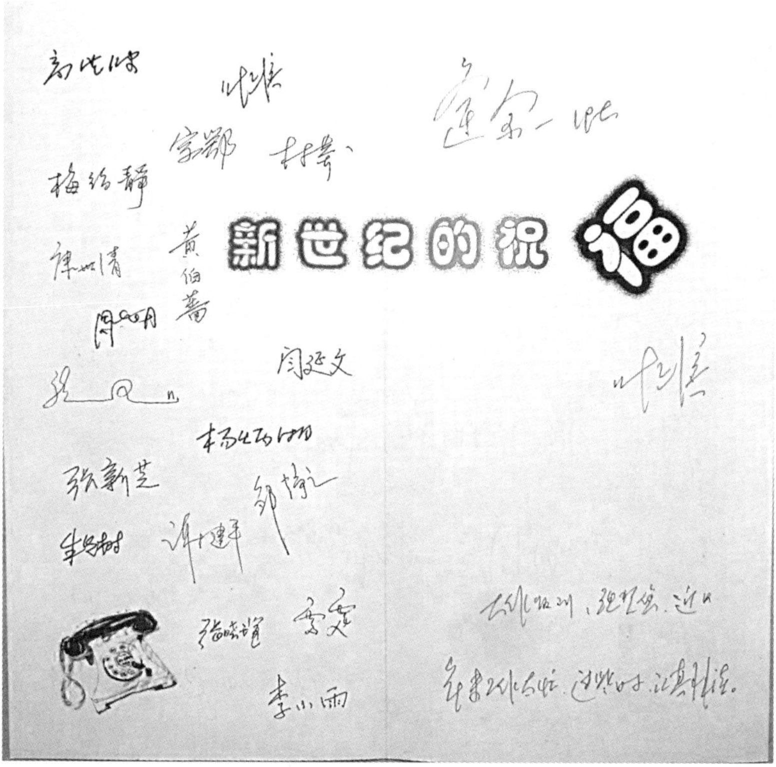
新世纪的祝福

250001
贴邮票处
诗刊社
北京市朝阳区农展馆南里十号文联大楼
邮政编码：100026

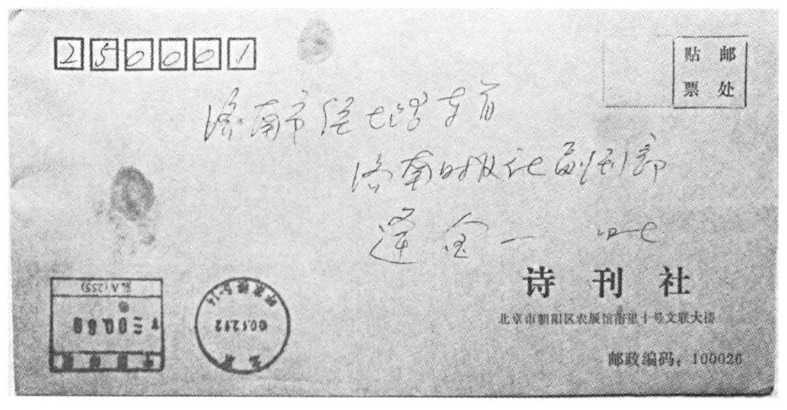

刘玉堂

[人物档案]

刘玉堂（1948—2019），山东沂源人。1966年高中毕业；1968年参军，历任文书、新闻干事、宣传干事等职；1982年转业至家乡，任县广播局编辑部主任；1988年调《山东文学》杂志社任编辑部主任、副主编；1991年底调山东作协创作室任副主任、常务副主任；2002年10月任山东省作家协会副主席。系中国作家协会会员，文学创作一级。刘玉堂自1971年开始文学创作，发表作品近四百万字，著有中短篇小说集《钓鱼台纪事》《滑坡》《温柔之乡》《人走形势》《你无法真实》《福地》《自家人》《最后一个生产队》《山里山外》《刘玉堂幽默小说精选》《一头六四年的猪》，长篇小说《乡村温柔》《尴尬大全》，随笔集《玉堂闲话》《我们的长处或优点》《戏里戏外》等。

[信札故事]

与玉堂老师同在一座城市生活，相聚机会甚多，他有事情多是直接打电话给我，后来就是电子信箱联系，而很少通过信札，这一封信是我保存下来的唯一一个特例，现在竟也成为绝唱。一读信中开头的“小逄”，一下子就让我想起了他的音容笑貌。

这封信内容很简单，就是他的代表作《乡村温柔》问世后，有位研究生写了篇评论，玉堂老师希望我能帮忙刊发一下。

信中我画了一条杠，并标了“古籍征文”四字，是对他“有事来电话”的回应，就是那时我们编辑部搞了一个与古籍有关的征文，我就顺手让玉堂老师给写了篇相关散文之事。

玉堂老师去世后，热心的张期鹏兄邀我为刘玉堂纪念馆题词，我就不揣浅陋，撰写了一联：

眼前音容犹在，仿佛蒙山沂水
身后佳作永传，恰如朗月灿星
晚生　逄金一　敬题

几天后在公交车上，路过泉城广场，突然又有灵感，写了首小诗作《给刘老师玉堂先生画像》：

天堂时读大众日
梦里常回济南县

小酒一喝嗞嗞地
二胡一拉悠悠地
小放牛一唱苍苍地

前两句讲他的文章典故，他写的关于“大众日”与“济南是个大县城”的文章影响巨大，典故即出自相关两篇文章。后三句写他的个人形象，文友相聚之时，他喜欢喝点小酒，酒酣之时还喜欢拉个二胡——如果有的话。没有就用手指敲着桌邦当节奏——而他最喜欢唱的是《小放牛》，唱时欢乐，座中皆喝彩，现在想想，其实是有点点苍凉吧。

此小诗后来由书画家盛洪义先生以潇洒的行书书写了出来，就更像那么一回事了。

作 家 报 社

小逸：

你好！

山东师大王万森老师的研究生张晓鹏写了一篇评《乡村温柔》的长文，我觉得还有些新意，想在你的读书版面上发一下，你看行吗？我印象中你大概还没发过有关乡村温柔的评论文字，读书的珍藏版近期即可出来，待出来时当寄上！

有事来电话！

握好！

古耜代交

立莹

99.1.30

刘烨园

[人物档案]

刘烨园（1954—2019），广西柳州人，1978年毕业于山东师院中文系。历任滕县衡器厂工人，济南铁路二中教师，《作家信息报》记者，《山东文学》杂志副编审。山东省作家协会专业作家，文学创作一级。曾任山东省散文学会副会长。1994年加入中国作家协会。著有散文随笔集《忆简》《途中的根》《栈一冬的片断》《领地》《中年的地址》《精神收藏》《旧课本》等。

[信札故事]

烨园老师写给我的信，保存下来的有三封，皆已成永恒之物。

其中一封信，主要内容是向我推荐一位作者，讲她的风格如英国伍尔芙，讲她的独到见解，讲她文章的题材，讲她的艺术语言，讲她的写作特点，等等。总之是讲得很仔细、耐心，又说稿子若不适合发，就退给他，因为是他替我约的稿，他会负责到底。

这一位作者，我记不起是谁来了，我曾经为办好报纸，请很多行家推荐作者，烨园老师推荐了一大批，都是当时国内年轻有才气的作者，有的在当时就已经是大腕了，包括周晓枫、苇岸、叶延滨、王安忆、安黎、王剑冰、梅洁、王英琦、安武林、郝永勃、王开岭、施战军、何向阳、赵建英等。

这封信，如果我没记错的话，好像推荐的是赵建英。这是一位我很喜欢的抒情散文作家，当时很看好她的文学前程，但后来听说她移居国外，不知她现在创作多否？

还有一封信，讲“所谓个性，无非人性，人有思想，要堂堂正正，有些人就容不得你。我想，这亦是中国大一统的社会基础，也是千人一面、庸俗不堪的原因”。

信中接着提我的一篇写他的文章，认为偏于写琐碎之事，而我写张炜的那篇文章《感觉之剑》，却让他颇为欣赏，希望我也能把这篇文章写成那样。这以后，我采纳了他的建议，修改了自己的初稿，最终定名为《缓缓流淌的声音》，他读后非常满意。此文后来便刊发于《中华读书报》。

为了方便读者，也为了纪念刘烨园老师，在此不妨将这篇文章列布如下。这是为烨园老师散文集《领地》所写的评析之文，后来收入我的读书随笔集《沙里的思想》中——

刘烨园把视线拉近又扯远。世界在他笔下延展着又精练着。

他不吝啬使用句号。这恐怕不仅仅是个语言习惯问题，这还源于他对生活对时代所作的断然无碍的结论的需要。句号多多显示了他的判断力。这里面也许还有性格的原因？

色彩与断语共存。这是难得的一种散文品质。

好多散文只排列结论，又有好多散文只玩弄光亮的文辞，刘烨园的散文文质并在，如带有雕花手柄的镰刀。

高贵、浪漫、理想、尊严、激情、血性、创造、灵魂、精神、思想、诗歌、悲剧、音符……已是商潮百丈浪，犹有文人痴。

遗世独立。这个词正好可写照刘烨园。

自然他又不是孤僻的。他闭着一只耳朵向内倾听，支着另一只耳朵向外倾听。倾听这个时代和超越这个时代的声音。倾听地面上的和潜流的声音。那些声音破空而过，擦过时代的额角，像疾驶而过的风，觥筹交错中的肥头大耳们没有听见，刘烨园听见了。他批评那些肥头大耳，并继续倾听。肥头大耳们愣一愣，继续杯盘狼藉。

在《老人》篇头，作者说："我略过了他们。当我13岁的时候，我就略过了他们。不知道为什么。也许我的天性中就有一种敏感沧桑的力量……"

在《夜在当代讲述什么》中，刘烨园又写道：

"你拒绝分析，因而完整而真空。"

"你既不真实也不完整，因为语言也是一种分析。"

这些都是刘烨园的自省。他很少去循规蹈矩地分析，没有正规论评作品那样条分缕析地有论点论据论证，他宁可信任意识，信马由缰，让意识去自由流淌。当然，他实际上是尾随着意识的。他顺流而下，渡险滩，冲激浪，悄悄跟踪、监视，并最终收获着意识的冒险。

他潜入意识的海底，去打捞历史深处生锈的声音。

他和黑夜对话。把灵魂倒挂起来拷打。在阳光下晒晾自己的思想，直到晒出白花花刺目的盐。他不急着赶路，不奔名趋利。他回溯，丢了什么一样地在寻找，有时替自己，更多的时候是替众人。

而那些匆匆生活的众人，有几个不把他视为一“怪哉”？

他敏感于这个世界的缺憾之处。又敏感于这生活应有的明亮之处。如果只是前者，他会做一名愤世嫉俗的评论家；如果只是后者，他会做一个清丽朴素、高歌欢笑的诗人。幸而这两方面他都有，于是我们就有了一位斑驳多彩、绚丽多姿的散文家。

他的散文像海，有多种颜色，最深的却是黑蓝色。

他的语言像诗，如“他又听到了水声——谁的血在脉管里敲门？”（《永远的舞》），如“精神离席的时候庄园里一阵富有的沉寂”（《在阿布兰阿德庄园听讲解》），如“那些很朴素又很复杂的青春惊动了上古的月光”（《心乡》），如“大雨丰富着密林”（《不止一个四季》），如“就送到这吧。旧站台。这儿是离青春最近的地方”（《旧站台》），如“他守住了从血里长出的这些秘密”（《都市山谣》）。

不像杨朔，不像峻青，不像秦牧，刘烨园的散文风格是独特的。也许，更近于鲁迅先生的《野草》，在意象化、诗化、哲理性、冷峻等方面。刘烨园自己是这样评价《野草》的：“《野草》是先生的巨著中最难懂、最特殊、最‘主观’、最灵魂、最不‘现实主义’的一部。唯一的一部。”刘烨园这样认识，也是这样去追求的。

刘烨园的这一本散文集中的散文大都有着很多的个人意象。完全走进去是件困难的事。刘烨园一味我行我素地走着，旁若无人地吟着自己的歌，很少顾忌别人是否跟得上他的心跳。

交织着红卫兵、苏芮歌曲、毕加索、美国西部牛仔、萨特、中国工农红军、苔丝、沈从文、新都市小说、杜瑶瑶……刘烨园不放过任何一点曾打动过他心灵的题材，哪怕只是题材的一个小拇指，他也收存在他意识之河中，让它们去发酵、去漂流、去嫁接、去撞击。

有一篇《新艺术散文札记》，仿佛他的宣言性东西或理论旗帜。他认为，新艺术散文“大抵应该是指散文中最有文学性、形象性、生动性、才华性、灵魂性、色彩性的那些篇章”。“它不仅融汇了象征、隐喻、诗象、魔幻、意识流动等等手法，而且汲取了现代音乐、绘画、建筑、小说、诗歌甚至大自然的原始气息等诸多的艺术新启示。”

烨园老师在这封信的最后，希望我常给他寄报，因为他

“深居简出，地又偏僻，外面的事知道甚少”，这说的是他的生活状态了。

最后一封信，写他收到了我的两本书，又介绍了两位济南的作者——后来我们都成了朋友的房广星与刘荣哲。此信还提到他的写作习惯：“冬天历来写作写得天昏地暗。”我想，这的确是一个善于在寒风呼啸、大雪封门中写作，以刚硬的文字迎接春天的人啊！

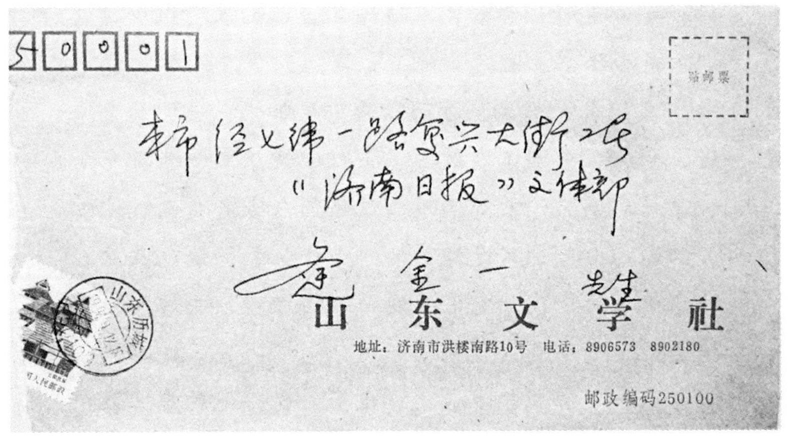

小逢：

您好。曾荐去广东陶己的稿子并信，想已收到。

附下一位作者朋友来稿（她在《萌芽》、《山东文学》、《山东青年报》发过一些很不错的散文，风格如英国伍尔芙，清柔纯朴），我替您约了稿，说可以给《济南日报》写东西。现在她写了寄来了，我很满意，觉得作者针对现实生活的婚姻、爱情，表达了很真很独到的见地，语言在艺术上也不错。所以寄去，请关照，希望能发表。如果您觉得她写得不错，还可以和她联系，请她多给贵报写稿。她很适合给报纸写短小精悍的优美文字。

当然，这只是我的一己之见。稿子若不适合发，您退给我就是。也好另荐别处。因为是我向她约的，所以要对朋友负责到底。

您工作好，文学界的朋友对您的评价很好，有了影响，引起关注和重视，为您高兴。

冬安

烨园

11.10.

山东文坛鱼龙混杂，要走正道，我意首先要了解真人，还多接触真正的文人学士。

[illegible]

金一君：

您的信，均收阅。谢谢。

世事既本如此，我不想违心地回信，如此论个性，无非人性，人有思想，要堂堂正正，有些人就容不得你。我想，这才是中国大一统的社会基础，也是个人一面，请给不堪的范围。而我是宁肯吃亏，也不附和的。有些事，您以后就会明白。

稿子看过了。是否有些比例失调？我不是说生活琐碎细节不该写，而是觉得写多了。这类文章是让观点鲜明的，过多地写琐碎细节，就冲淡了学问性、思想性，显得细节鲜明，思想内容却发虚，空泛了。有人跟我谈过您写张炜的那篇，我看那样写极好！

常联系。方便的话，能否寄些济南日报一阅？我深居简出，地又偏僻，外面的世界知道甚少。谢谢了。

秋怡

刘烨园

9.12.

山东文学（20×15=300）　第　页

金一兰：

好。两本大作收到。是我收到的书中值得阅读与保存的。

房广星的地址是：250021，本市经五纬七路省立医院药房。

刘萃挖的地址是：250001，本市车站街《济南铁道报》。

他们目前都在潜心创作。

我冬天以来写作写得天昏地暗，所以，信迟复为歉，还望多多海涵。

问候村兄好。

春安

刘烨园

2.20.

第　　頁

李贯通

[人物档案]

李贯通，1949年生于山东鱼台。1977年考入山东师范学院聊城分院中文系（现聊城大学），1982年1月毕业分配至鱼台县文化局，任创作员。1998年4月，中篇小说《天缺一角》获首届鲁迅文学奖。曾为中国大众文学学会副会长、山东省作家协会副主席、创作室主任。出版有《洞天》《天下文章》《天缺一角》《鱼渡》《李贯通小说精选》《无边波澜》《水性》《迷蒙之季》等十四部著作。

[信札故事]

贯通老师与我的联系其实不多，因为他极少给报纸写短小的文章。所以这一封信也比较难得。

这封信其实是正常事务性的一封信，但因牵涉朱伟、叶兆言、李贯通三人与《三联生活周刊》，就有了一些文化价值与历史感。

这封信想必写于《三联生活周刊》初创之时，因为要打开局面，就需要做一些宣传，主编朱伟不遗余力推动此事，此信因此产生。

说起来，后来我也有机会进入《三联生活周刊》，因为自己的保守，最终还是没有去，而是留守在济南。

家一：

你好！收到报纸、刊物，谢谢！

原《人民文学》的主编朱伟，现为北京三联书店《生活周刊》的主编。他要我在济南为该刊选点舆论，写些北京的文章，如方便，可择其一而用之。

如可用，报纸出来后，你可直接给朱伟寄一份：北京安定门内净土胡同15号，《三联生活周刊》，邮编100009。有事请吩咐。

忙过去今年，再给你写稿子。

握手

李贯通

9.21

彭　程

[人物档案]

彭程，1963年生于河北景县。1984年毕业于北京大学中文系。毕业后到光明日报社工作，先后任总编室、文艺部、《读书与出版》专刊编辑，光明日报报业集团《书摘》杂志社主编，现任光明日报社文艺部主任。1986年开始发表作品。1999年加入中国作家协会。著有散文随笔集《红草莓》《镜子和容貌》《漂泊的屋顶》《王子和玫瑰》《急管繁弦》等。

[信札故事]

彭程兄早年曾与我有过数次通信，是在我编办《书林》版时。后来这个版交由另外的同事来办，风格与趣味都发生了改变，《豹突》版也交由朱春娃大姐办，我与读书界、文学界众多好友的联系才渐渐稀疏清淡了下来，再后来我又读博士、做博士后研究，往别的方向上又继续滑行了一段时间，回过头来，十几年的光阴眨眼而过。

彭程兄是北大的高才生，这两封信颇能见其学养之一斑。他的信写得那么耐心、细致、从容，一派温儒不惊的文人气质。这两封信是围绕他的散文来说的，先是我求其散文集拜读，他于是接着话题谈起自己的散文，语颇谦抑。后来我收到他的散文集《红草莓》后，交由一文笔甚好的研究生写了一个评论，他依旧是十分谦逊，表示自己未来会写出更好的文字。

谦虚的人才能行稳致远。如今的彭程兄，散文与评论都已淬炼得近乎圆美，在中国文学评论界与中国散文界，皆已成为蔚然而深秀的重镇。

彭程字的字形也甚好，迂徐从容，回环有致，可以推想他年轻时代的书法底子一定是相当不错的。

书摘杂志社便笺

金一兄：

你好！来函收悉。

拙作承蒙兄谬奖，十分惭愧。散文集倒出过一本，但收入的作品却很幼稚，今日翻阅每参汗颜，稍微象点样子的也已收入"八人集"了。但既然兄已提出，只好奉上，聊供一笑而已。兄奖掖之意我心领了，无须形诸文字——待日后写出些自感较满意的篇章，再求兄代为揄扬。

我们的《书摘》考虑设一个经常

书摘杂志社便笺

性的栏目，首发有关读书的随笔文字，侧重于形上的、有关读书与生命关联意义层面的。兄若有兴趣，望能赐稿。寄上两期有此专栏的（"书生情怀"），俾供参考。字数以3000内为宜。

兄所编版面，十分好看，很喜欢。

匆匆不赘，即颂

文祺

彭程

97.10.15

书摘杂志社

金一兄：

你好！

拙作寄兄，本意无非友朋之间留念而已，不期兄出诸关爱之情，嘱人评论，十分感念！此书实为一"杂拌儿"，晚报上的专栏短文，光明日报上的"周末随笔"，读书随笔，散文，文体自是芜杂。友人好意将之汇集，未能免俗，也就顺水推舟，不复顾及是否"灾梨枣"了。感兄厚意，今后当力求有所长进。

泉城一晤，倏忽经年。兄来京时望告，以备迎迓，以期把盏。

即颂

编祺！

请代向作者转致谢意

彭程 5.16

手机：13901097991

地址：北京市宣武区永安路106号　　第　页

韩小蕙

[人物档案]

韩小蕙，1954年生于北京。1982年毕业于南开大学中文系。光明日报社原领衔编辑。中国作协全委会委员。中国散文学会副会长。南开大学文学院兼职教授。国务院特殊津贴专家。出版《韩小蕙散文代表作》《协和大院》等三十一部个人作品集。主编出版历年《中国散文精选》等七十部散文集。荣获全国五一劳动奖章、全国三八优秀个人、韬奋新闻奖等。作品获首届中国女性文学奖，首届中华文学选刊奖，首届郭沫若随笔暨优秀编辑奖，首届冰心散文奖，以及第四、五届老舍散文奖，北京文学奖，上海文学奖等多项。2003年应邀进入美国国会图书馆，成为新中国首位在该馆演讲的作家和编辑，并荣获美国国会参议员“推动中美文化交流奖”暨旧金山市政府奖。

[信札故事]

小蕙姐与我的联系也比较早。所展示的这两封纸信，一封是对我的约稿信的回复，说自己很忙，写得也慢，有时半年才能写出一篇文章来——这当然是她的自谦之语了，她编撰的书数十本，足以说明她是一个勤奋之人。说自己写得慢，那只能理解为对自己要求高了。另一封信展示的是她对女儿的爱。我信中随手寄的明信片，引起了她女儿的兴趣，她于是写信付资请我再买。

这两封信中有一个重复出现的词，“帮助”。“希望得到您的帮助”，这似乎是她的口头语。一副弱弱的样子。其实她自身是很强大的存在。所体现的也是她抑己扬人的好品格。

小蕙姐与我关系比较大的一篇散文，是《巴斯温泉与济南名泉》。此文发表于2015年10月30日《光明日报》，此时中共济南市委书记为王文涛，当年的复旦才子，当政多年依然有海量阅读书报的习惯，这一日就读到了小蕙姐的这篇美文——

> 我在英国巴斯（BATH）居住的时候，经常想起远在祖国的济南。得天独厚，上苍垂爱，巴斯是英国唯一的温泉之城，济南则是中国乃至世界上著名的泉城。

小蕙姐在文章中说，巴斯是一座世界闻名的温泉城市，以温泉为基础，建立了一座泉水博物馆；而济南泉水的名声响亮，却没能有一座全面展示其文化与历史内涵的博物馆，有点让人遗憾。“巴斯巴掌大点儿的地方，区区9万人口，仅有那么一口温泉，人家英国人就做出了一座那么有文化、在全世界都广有影响的大BATH博物馆；济南呢，有着这么举世无双的泉水，这么天下无二的泉城，这么无与伦比的历史文脉和典籍资料（单是历代文人咏泉的诗词就浩浩汤汤），如果倾全城之力，建起一座高端的济泉博物馆，再借助互联网发布出去，还不让全世界都凌乱了，立时就把济南当中国啦！”

王文涛书记读到此文，心有所感，立即作出批示，并在此后作出一系列举措，最终建起了济南泉水博物馆。王书记后来还真的带队去了英国巴斯，在那儿举办了一系列文化宣传活动。

一篇散文催生一座博物馆，小蕙姐此文可真够得上济南文学史、济南城市建设史上的一段佳话了。

对于这篇文章的写作，我当时也提供了一点参考意见，所以与之关联也算比较大，借小蕙姐之力，也算为济南文化建设做了一点贡献。

小蕙姐为什么对英国巴斯那么熟悉？因为她的宝贝女儿在那儿。

爱与被爱，无头脑无准备地传递，强大而悠远。

便笺

逄金一先生：您好！

我出差刚回来，大札迟复，乞谅！

感谢您的约稿。平时我大概和您一样忙，虽心里有无数想法，但没有时间实现。而且我写得极慢，有时半年才能写出一篇来。但我一定不辜负您的盛意，会为您写的，也希望能常联系，得到您的帮助。

顺颂

金安！

韩小蕙 15/9

光明日报

逢君：你好！

今有一件小事，很想得到你的帮助：

你上两次寄我的明信片（《路思意动员》？），我给女儿后，不意引起她的纠缠，我到街上去买，此间又没有卖的。能否请你帮我买上一套？附资5元，估计够了？

这么点小事麻烦你，真不好意思。

顺颂

长绥！

韩小蕙

76.11.7

年 月 日

卞毓方

[人物档案]

卞毓方，1944年生于江苏射阳。毕业于北京大学东语系日语专业和中国社会科学院研究生院国际新闻系专业。1991年加入中国作家协会，1995年以来致力于散文创作。著有散文特写集《站在历史的窗台上》《啊，少年中国》《人生得一知己足矣》；散文集《岁月游虹》《雪冠》《煌煌上庠》《长歌当啸》《妩媚得风流》《历史是明天的心跳》《千山独行》；传记《季羡林：清华其神，北大其魂》《天意从来高难问——晚年季羡林》《季羡林画传》《千手拂云　千眼观虹——季羡林、钱学森、陈省身、侯仁之、杨绛、黄万里的人生比较》《金石为开——金岳霖的艺术人生和欧阳中石的人生艺术》等。

[信札故事]

卞毓方老师与我的联系比较多，至少有两封信保存下来。

一封信是我写父亲的那篇文章，有幸遇卞毓方老师编辑，发表于《人民日报》，这是让我感激的事情。这篇文章后来被《散文选刊》转载了。

卞毓方老师在信中说：“你的文字很明净，看来是下过功夫（可惜，现在能把文章写通顺的作者愈来愈少了）。”

另一封信，他提到了我的两本小书，并询问《大众日报》联系方式事宜。

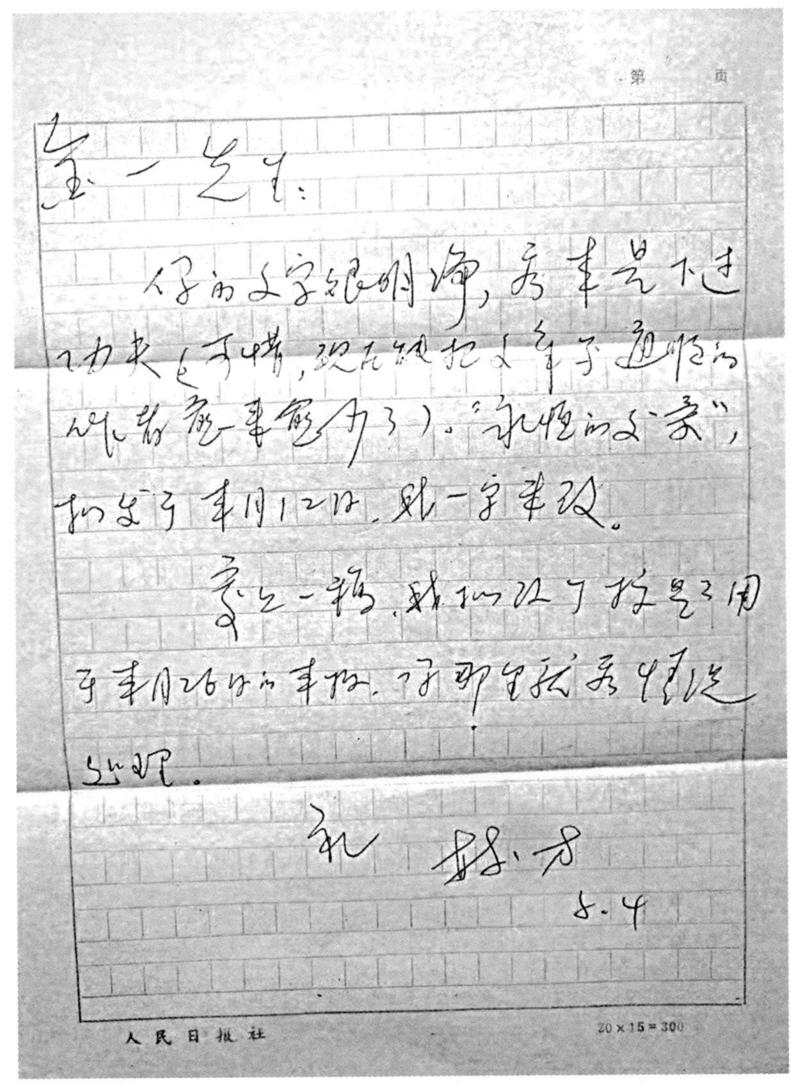

第　页

金一先生：

你的文字很明净，看来是下过功夫的。可惜，现在能把文章写这样的作者愈来愈少了。《永恒的文学》，拟发于本月12日，只一字未改。

来文一稿，我拟改了标题，已用于本月26日的本报。[illegible]

祝
好
卞毓方
5.4

人民日报社　　20×15=300

人民日报社公用信笺

金一：

收到文集，你的文字、思想还是相当深厚的。

我好像没有跟大众日报联系过，能不能帮我介绍一位编辑？

礼

[illegible]

6.30

苗得雨

[人物档案]

苗得雨（1932—2017），山东沂南人。1944年12岁开始文学创作，曾被延安《解放日报》誉为解放区的“孩子诗人”。历任山东沂南县东平区区通讯站副站长；《鲁中南报》《大众日报》《农村大众》通联、编辑、记者；山东省文联编创员、华东文联创作员；山东省文联《前哨》《山东文学》副主编；山东省文联副主席、省作协副主席、省文联党组副书记；山东省文联副主席、党组成员，山东省文联特邀顾问、名誉主席。从事文学创作以来，苗得雨发表诗歌四千余首，其他体裁文学作品四百万字，结集出版《苗得雨60年诗选》《苗得雨散文集》《文谈诗话》《赏诗谈艺》等四十九种。

[信札故事]

苗老师是个好脾气，给我们副刊写过数不清的稿子，保留下来的这几封书信，主要内容都是寄稿、谈稿，真实记录了那一段时间他的创作思路与创作兴趣。除此之外，老人家的信中还有其他一些珍贵的记录。

比如说他散文集的影响。《济南日报》第一个刊发书讯，他自京回济后，收到了“热情洋溢的读后感信几十封”，反响还是不小的。

再比如，他主动、热心地操持我加入山东省作家协会的事宜，处处体现了他的古道热肠。

还有一封信，提到了当年我们所策划的反映名人读书的小栏目《名人书语》，由摄影记者王鸿光去逐个拍摄，图文并茂，当时很受欢迎。

信中还提到了他写书法的由来轶事：他曾在山东省文联任领导职务，分管书法界，“因托我向书法家要字的太多，我不忍老让人忙活，就硬头皮说‘我写！’就这样写起来的”。讲得如此朴实、幽默，让人忍不住会偷笑几声。苗老的书法是挺有特点并深受追捧的，有一年我去沂南采风，就发现此县几乎处处悬挂着他的书法作品，大家以此为自豪。

苗老信中还提到了我的一篇随笔，写居里夫人的，当时发表在《大众日报》，不期被他读到。他在信中说：“你写《读居里夫人》一文，写得十分好，是抒情散文。我读了，由衷地赞佩，即画圈让家中人传读。”毛头小伙，偶写小文，享此画圈传阅礼遇，真是备感荣幸之至。

苗老信中还提到他的搬家信息，他去北京开文代会信息，内容还是颇为丰富与耐读的。

苗老画圈的那篇文章，名为《那略带蓝色的荧光》，作为此信的注脚，在此也不妨呈现给读者诸君：

1883年，波兰南部乡村的狂欢节。有个16岁的活泼迷人的少女被选为唯一的“荣誉小姐”，她尽情地跳白马祖卡舞，跳表情欧见瑞克舞，跳华尔兹舞，有好几轮都有人预约。她自己在信中这样说：

“我们的生活真是妙极了。康拔是那累夫河和必埃卜察河合流的地方，所以这里有的是水，可以游泳，可以划船；划船迷住了我，我学着划（已经颇有进步），游泳的地方也很理想。我们想干什么就干什么：有时候夜里睡，有时候白天睡，我们跳舞，我们淘气。照我们乱闹的程度，简直应该把我们关在疯人院里……”

这个美丽可爱的少女叫玛丽·斯可罗多夫斯卡，后来的人们记住了她却是因了另一个名字：居里夫人。

她中学毕业时得过一枚金奖章，17岁就精通英、德、俄、法、波兰五国语言。她的超人处尤表现在能全神贯注地读书，不管外界干扰多大。

然而她也有低沉徘徊的时候。19岁的她作为一个家庭教师，和主人家的长子有了恋情，这同《简·爱》的故事相类，结局却迥异。玛丽坠入了精神的低谷。“到华沙去住，在一个寄宿学校里找教职，再另外教课补充需用的钱。这是我的全部希望。人生不过如此，不值得过于忧愁。”她在信中这样说。

直到有一天，当她把工农业博物馆的一个试管拿在手里的时候，她的视野才豁然洞开。童年的她常想玩耍父亲放在玻璃匣中的物理仪器，而大人们总是不让她玩。而现在，她仿佛一下子接通了童年的梦，体验到了本能的渴望：她的使命、她的人生之路原来就在于此！她心里陡起“发狂般的焦急”，以至于夜不能寐。

那个爱恶作剧、一夜之间因跳舞而跳坏一双紫色羊皮薄底鞋的玛丽，现在彻头彻尾地投入到事业的轨道上了。在她眼里，小说是空虚的，神话显得缺乏想象力，而科学定律，那些支配宇宙的神秘的东西，则是神奇醉人的。

后来玛丽遇到了居里。他们像警察挨家挨户搜寻小偷一样地寻找镭。

1902年的那个夜晚，他俩饭后又到了白日工作的地方。

“不要点灯。”玛丽说。

玻璃容器里闪耀着略带蓝色的荧光。

这就是镭的颜色。这就是45个月来，在简陋的小棚屋里，从几十吨铀沥青矿废渣中，提炼出的十分之一克多一点的纯氯化镭的颜色。

这颜色永远地留在了人类进军大自然的光荣史册上，留在了后代人的景仰里。

居里夫人获得过两次诺贝尔奖，她有一百多个名誉头衔。然而她对于荣誉却是陌生的，她说：“在科学上，我们应该注意事，不应该注意人。”功名是很多人的追求和幸福所在，而居里夫人的快乐却只在于对科学奥妙的探索中。诚如爱因斯坦言：“在所有的著名人物中，居里夫人是唯一不为荣誉所腐蚀的人。”居里夫人的金奖章无处置放，只好给孩子当玩具，那个叫伊蕾娜的孩子后来又抱回了1935年的诺贝尔化学奖。

人们常说居里夫人实现了自己的人生价值，而其实这只说对了一半。居里夫人出色地完成了童年的渴望，成功地挖掘发挥了她的潜能，最大程度地实现了自我。她是燃烧着的，主动燃烧，而且燃烧得很彻底。

居里夫人的另一个孩子艾芙·居里所写的这本《居里夫人传》（商务印书馆1995年版，左明彻译）再版52次，被译成27种语言，钱三强为中译本作序。这本书翔实生动，作者称连一件衣服的颜色都不曾捏造。语言流畅而充满深情，如沙俄督学检查波兰学生时，作者写道：“这二十五张孩子的脸突然都变老了。”再如写当局对科学的慢待：“死神比政府当局敏捷，先夺去了那些伟大的人物。”这样的语言有技巧，更有深度。

山东省文学艺术界联合会

金一同志：你好！

我近去京一月，刚回。

在京空中写了些短文，今先将这则《灵感是什么》誊出寄上，请审阅，酌情安排。

散文集出版（的），反响不少。贵报第一个（这次）发的文讯，十分感激！自京回，收到热情洋溢的读者感信几十封，情真而简练，实都是短的评论。协周同志这封，像诗又像散文，他在病体又忙家务情况下读了书，又写了信，让我感动。我考虑可作短评一发，今一併捎上，请定夺之。

问侯林同志好！诸友好！（我改动了“些”“是”等字）

第　页

祝安！

得雨 8.13

山东省文学艺术界联合会

金一同志：你好！

赠大著两部，收读多日。这好些个月，一直杂忙，未及联系。写的也多是些短文，适于报纸副刊发的较少。

看了书中介绍，知你还不是作协会员（我原以为已是），即给北山同志打电话，他说正在安排，我叮嘱争取早些解决。一些有关具体事，你只需直接与他们联系即可。顺告。

手头这一文，是为一本诗集写的序，诗集已出版，原稿一直在手头。今寄上，如可用，也不妨删去副题，作评书文发。请审阅、定夺！

我自去夏，搬至儿子新房，这里电话2705865 得暇常联系！

祝安！

得雨 2.22

山东省文学艺术界联合会

金一同志：你好！

收到你的来信，十分高兴！发照片的报纸，当天孩子就从机关捎回来，你寄的照片也收到。济南日报影响很大，我每发稿，都是别人先告诉的。这次鸿光拍了好些张，我的先发了，让我感动！他来拍时，我看你与佳林同志给他列的名单，连电话、住址都一一写清，你们的工作精神让我感动又敬佩！

我的字，是心意吧！我工作中爱着书法几十年，实不会写字。因为我向书法家要字的太多，我不忍老让人作难，就硬头皮说"我写！"就这样写起来的。

得你赞许，很高兴。夏晓给锡伟

第　页

山东省文学艺术界联合会

同志写一幅，他多年写文很多，特取一句古人话，以含鼓励意。也是不费好多心意吧！

存你处那二文，请以发不用着急。"古人诗观"可改为《古人诗中诗观》。谈"特异功能"的，听说人们还对这事有不同看法，我想改改，首先标题改为《我说"特异功能"》，此文先放放，或过些日子我再寄点新的。

近出一散文集，中有你与晓峰发的。送上存念、指正！佳林同志一本，请转。附一小文讯，请酌作补白一发。

再叙：常联系！

祝安！

第　页

诸友好！

得雨

5.30

山东省文学艺术界联合会

金一同志：你好！

每次的稿子，都得及时重视刊用，十分感激！发后也都是朋友先看到告诉的，也见得贵报副刊的影响。

这一文是写一次去刘绍棠处的叙谈，作一小散文发，可用这标题，若作谈读书，可用另一题《刘绍棠赞同读点迂书》。请审阅、定夺！

你写读居礼夫人一文，写得十分好，是篇抒情散文。我读了，由衷地赞佩，即画圈让家中人传读。

问侯林同志及诸友好！

祝安！

苗得雨

12.6

（月中去京开文代会，回后再叙）

耿林莽

[人物档案]

耿林莽，1926年生于江苏如皋。1944年肄业于江苏省如皋南淮高中。历任徐州《新徐日报》编辑，青岛市青岛日报社编辑，青岛市文化局戏曲创作组创作员，青岛市文联《海鸥》文学月刊编辑、编审。山东省作家协会第三届理事，中国散文诗学会副主席，青岛市作家协会第二届名誉主席，中国诗歌学会第一届理事，《中国诗歌年鉴》编委及特邀主编。1945年开始发表作品。1985年加入中国作家协会。著有《醒来的鱼》《五月的丁香》《飞鸟的高度》《草鞋抒情》《耿林莽散文诗精品选》等散文诗集七部及《耿林莽随笔》《人间有青鸟》等散文集多部。

[信札故事]

耿林莽老师是文坛的传奇，我从年轻时即闻其名，即约其写稿，为之叹服，至今仍能读到他清丽脱俗、浪漫深情的文章。他也几乎从不掺和文坛是非，一直游离其外，而成为一个纯净、独立的自由人。

耿林莽老师给我写过多篇稿子，如1995年8月21日发表的《走向里尔克》、1995年12月25日刊发的《“看四遍”》、

1996年11月19日刊发的《一瞬·永恒》等等，但可惜他给我的书信只保存下来这一封。信中他问：“您现在主持副刊，书的专刊还在编吗？”从这句话，我推断他写信时间是在1995年。

耿老字迹飘逸飞动，颇让人心折。

海鸥

逢金一同志：

您好，

久未与您联系了，接寄来样报，谢谢。您现在主持副刊，我细看到过主编名字，以后常联系。

寄上近作散文一篇，试审处，如不合用，请退我。

谢谢。

敬颂

编安！

耿林莽

6.27.

忆明珠

[人物档案]

忆明珠（1927—2017），山东莱阳人，原名赵俊瑞，江苏省作家协会常务理事，专业作家，文学创作一级。1947年后历任华东军区教导总队班长、排长、干事，解放军第九兵团司令部联络处干事。1957年开始发表作品。著有诗集《春风啊，带去我的问候吧》《沉吟集》《天落水》《忆明珠诗选》，散文集《墨色花小集》《荷上珠小集》《小天地庐漫笔》《落日楼头独语》《白下晴窗闲笔》等，并有杂文集《小天地庐杂俎》。忆明珠诗文书画俱佳，与汪曾祺、贾平凹、冯骥才三人一道，被长江文艺出版社推为“当代才子”，并出版了《中国当代才子书》。

[信札故事]

忆明珠老师这封信写于1995年11月27日，正是我刚接副刊的工作，到处写信约人写稿的时候。正值冬天，他因病在调养中，书事辍编，静心养病，而即便在病中，他还是提笔写了这么一封飞扬生动的书信，可见他当时的心情其实是舒畅的，也许是正碰上了一个难得的阳光灿烂的日子，他心情大好，从床上飞跃而起，提起久违的毛笔，潇潇洒洒地写了这么一下子。

这封信原尺寸是加倍的，字迹恰如仙人乘风，但觉优美异常，只难寻求来龙去脉。我想，此等书法佳作不为一流，何字更敢说一流？！

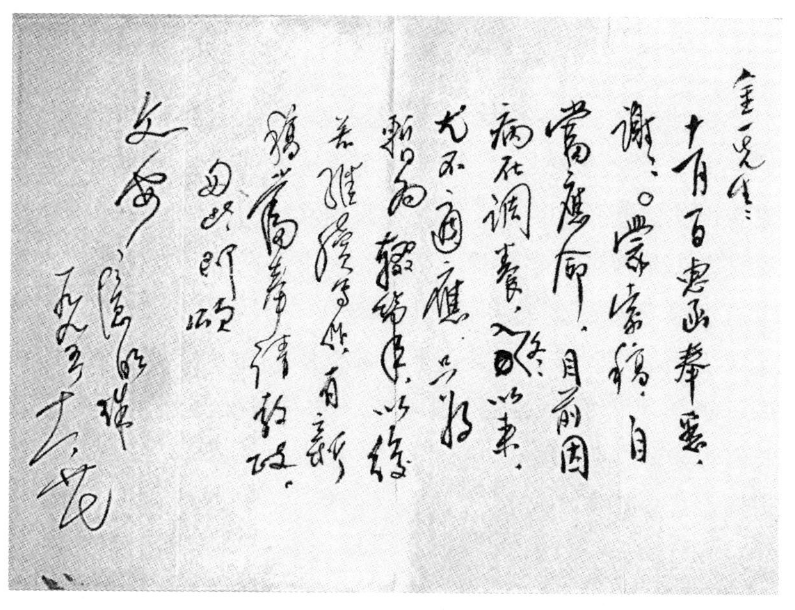

田仲济

[人物档案]

田仲济（1907—2002），山东潍坊人。1931年毕业于上海中国公学政治经济系。曾任重庆中国乡村建设学院讲师、上海音乐学院教授。中华人民共和国成立后，历任山东师范学院教授，山东师范大学教授、副校长。中国民主同盟盟员。著有《新型文艺教程》《中国抗战文艺史》《中国现代文学史》《文学评论集》等。曾兼任山东省作协、省文联、省社联副主席，中国现代文学研究会副会长，中国解放区文学研究会会长，山东省现代文学研究会会长，政协山东省常委，中国民主同盟山东省常委等职。

[信札故事]

保存下来的信中，田先生有两封，一封是向我介绍京沪两地可以写稿的作者，这是我向他写信请求介绍的。他在信中提到了徐中玉、陈子善、丁景唐、钱理群、刘锡诚等人，都是当年文化界了不起的才俊。

还有一封信是寄我一篇稿子，因为打电话打了数次而不通，就只好通过他的女儿便道送来。

田老的稿子学术性强，考证严谨，立论深刻，而文辞顺

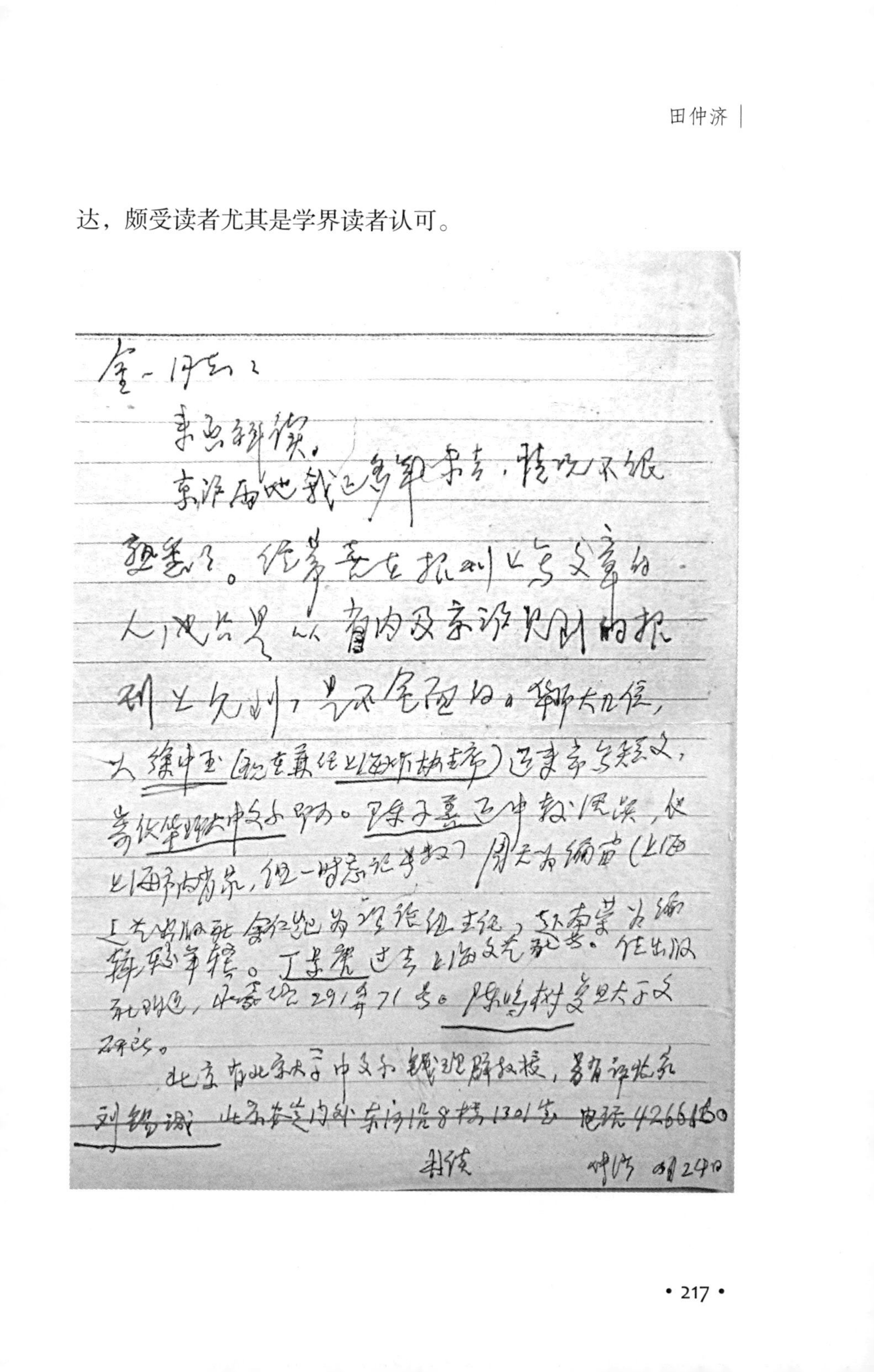

达，颇受读者尤其是学界读者认可。

金一同志：

打了几次电话，总是打不通，现由我的女儿便道送上，请收并斟酌是否可用。

因为了不超过1500字，有些话未能说得更明白。

专此，

编安！

田仲济 9月11日

丁尔纲

[人物档案]

丁尔纲，1933年生于山东龙口。1957年毕业于北京大学中文系。1956年开始发表作品。1984年加入中国作家协会。历任内蒙古大学中文系助教，包头师范学院中文系副主任及现代文学教研室主任、讲师、副教授，山东社会科学院语言文学研究所研究员。著有《丁尔纲新时期文论选》《新时期文学思潮论》《鲁迅小说讲话》《茅盾评传》《茅盾翰墨人生八十秋》《茅盾孔德让》《茅盾的艺术世界》《山东当代作家论》等。曾获全国茅盾研究突出成就奖，全国人文科学优秀成果奖，中国首届优秀图书一等奖，田汉戏剧奖评论奖等。

[信札故事]

丁先生惠我有两封信，一封是寄来评论张宏森长篇小说《车间主任》的文章而随手写下的信，信中为担心文字超出规定字数，而专门写了两段，一段是这样写的："这部长篇最大的优点是楞（棱）角，拙文因之也很有楞（棱）角，不发表则罢，若发表，就请保持这楞（棱）角，因为这是价值之所在。"逻辑奇崛有趣，颇让人莞尔。

这篇评论发表于1997年4月28日，题目是《工人的"工"

字应该这样讲》。

工人的“工”字怎么讲？丁尔纲义正词严地引用原作中的文字说：“工人的‘工’字，上面一根杠代表天，下面一根杠代表地，中间那一竖站着一个顶天立地的人。”

丁尔纲接着阐述了《车间主任》的意义：“新时期以来，有些作家宁肯写小人物、写痞子、写娼妓、写下三滥，写带□□□的黄色小说，却不肯下点功夫写写工人，张宏森的《车间主任》，却刻画出工人阶级顶天立地的浩然正气，张扬其惊天地泣鬼神的奉献精神……”这篇评论所指出的时代文艺背景还是很真实的，对《车间主任》的历史意义也做了实事求是的阐发，还是很令人难忘的。

丁尔纲先生的另一封信，是简评我的两部小书，认为我的艺术感觉还不错。并随之再寄来一篇稿件。

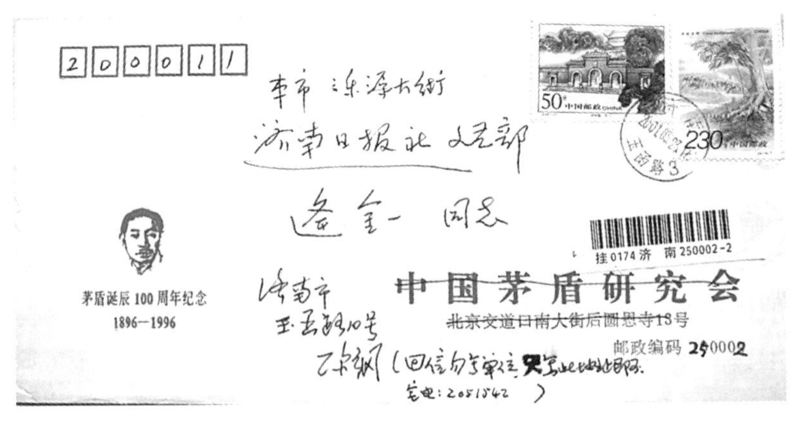

茅盾全集编辑委员会

金一川同志：

送顺序之拙稿，请酌处。超出600字，若能容许最好。若非删不可，P5第2自然段到P7第1自然段这两段文字，特别是批评某些作家和某些人的文字，请予删。

这部分恰恰显示茅公之棱角，拙文因之也很有棱角，不发表则罢，若发表，则请保持这棱角，因为这是价值之所在。

妥否请酌。

丁尔纲 4.9.

若蒙刊用，请赐[illegible]寄报纸

人民文学出版社

北京朝内大街166号 电报挂号2192

不知你家的电话号码与办公室电话号码，请便中见告一声为荷。示知，以便联系。

逢金一同志：

您好！

寄来的大作两种，非常感谢。便中抽读了一部分，觉得很有新意。您的艺术感觉很好。不知是新闻工作有助于出版物的敏感，还是您的文学感觉支撑了您的新闻工作？

近来想了许多社会问题，拟写些杂文随笔的东西。有一篇《法官与法制》文艺报已发表。我认为这篇较好，寄上请审处。若不合用，请勿客气，便中掷还可也！谨托先谢。

~~若有暇，请随时来舍一叙~~

紧紧握手

丁[illegible] 2001.3.23.

塞　风

[人物档案]

塞风（1921—2004），本名李根红，河南灵宝人。1943年毕业于豫西师范专科学校。历任洛阳《行都日报》副刊编辑，武汉《大刚报》编辑，《胶东文艺》月刊编辑，《山东文艺》月刊编辑，河南省文联常委、创作部副部长，济南市文联专业作家，济南市作家协会名誉主席等。1945年开始发表作品。著有诗集《天外，还有天》《北方的歌》《母亲河》，散文集《痕》，短篇小说集《人民的声音》，中篇小说集《共同上升》等。

[信札故事]

塞风老师给我的通信不少。他是一位极重感情的老作家，非常受我们尊敬。虽然同在一个城市，他还是给我们写了不少纸信，当然也写了不少诗歌与散文往我们编辑部投稿。至今我能找到的，他写给我至少有十封信，包括把李枫老师（塞风之妻）的一次来信也算上，包括两封明信片也算上。

他是一位历史老人，从过去漫长的岁月中走来，自身就带有历史的根性与光泽，写的文章与诗歌也一样。

他的这些信中，提到了他的老难友牛汉、曾卓、公刘以及梅志（胡风之妻）——注意，胡风的名字在本书中是第二次出现了，上一次是在周汝昌先生的序中——提到了姚雪垠，提到了臧克家，提到了包立民、宋遂良、杨子敏……这都是一些了不起的历史性人物，因而相关信件也是很有历史参考价值的。尤其是那封竖体版的信，语气敬重，饱含真情，形制庄重而别致，颇有些不同凡俗，只是我实在记不起它是与哪篇文章有关了，也许将来有时间，会慢慢查索找到的。

塞风老师的每封信基本都有落款印章，这一点与当时很多人的写信习惯大有不同，从而成为他个人的鲜明特色之一。他有时署名“李根红”，有时署“塞风”，甚至有一次署“老根”，显得非常温暖而有个性。

金一先生：

又来纷扰，实在过意不去。

包稿中，有几处不太清晰：

△鲁藜。（P2、7行）

△从他们保持坚定的信念和良好的心态中去寻找答案了。

包之信址：100026、北京农展馆南里10号6层文艺报副刊。

在下以惠稿致谢！　李枫拜上！

时安　　朱女士不另。

李根红

8.31

（23×15=345）　　当代小说编辑部（　）

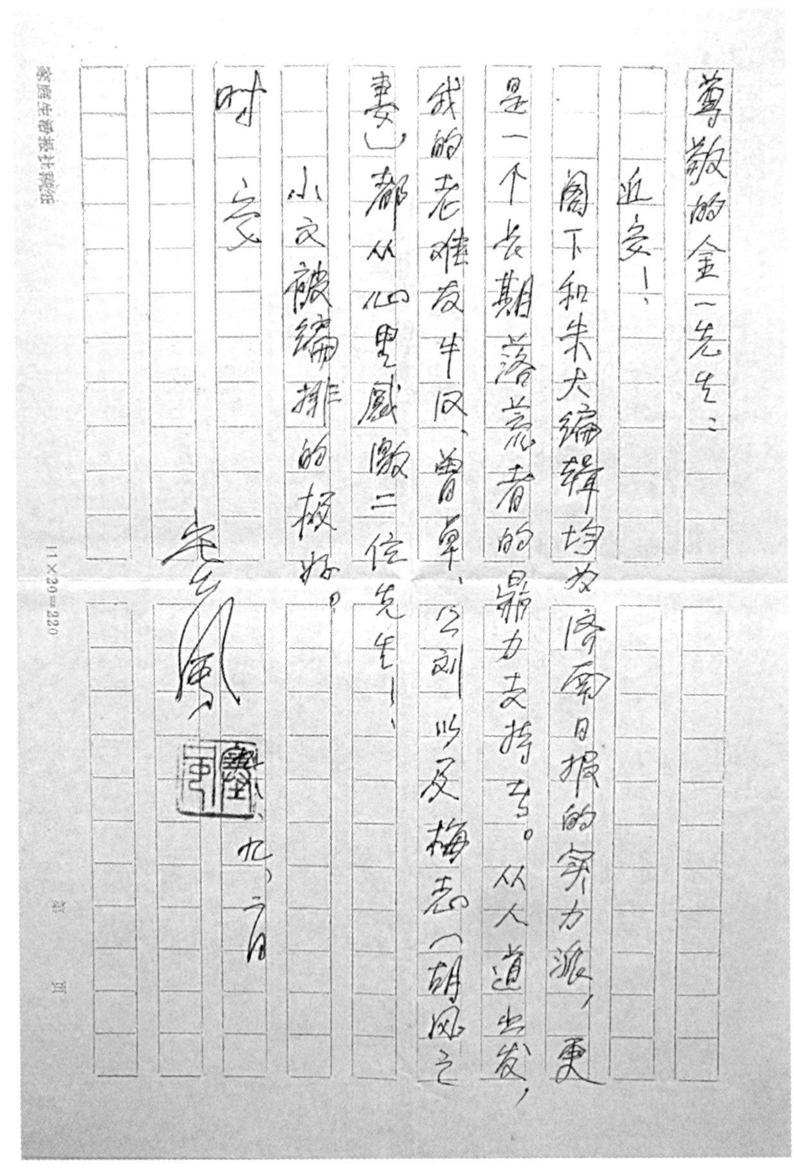

尊敬的金一先生：

近安！

阁下和朱大编辑均为济南日报的实力派，更是一个长期落荒者的鼎力支持者。从人道出发，我的老难友牛汉、曾卓、公刘以及梅志（胡风之妻）都从心里感激二位先生！

小文被编排的极好。

时安

绿原

九、六日

11×20=220

济南市文学艺术界联合会

尊敬的金一先生：

未见安好！

近有我市一位37岁女税官（王力丽）由北京"华艺出版社"出一本名为《雪地舞蹈》的散文集，事先由我写一个序。书中（已收）五十余篇散文颇有特色，现将原稿呈上，请先生在百忙中斧正，刊在《书林》创刊向。如不行，敬烦掷下为感！

拙选集近日一出，立即奉你，候来讯信求教。

夏安

老根［印］拜上
6.4

尊敬的金一先生：

你和朱先生安好！

日前我到贵处，匆忙中忘记问我送上的拙诗集收到了没有？请将令兄的大名、地址、邮编示知，以便寄上一本求教。

前晚，宋老师邀我到舍下来玩，告知他有一篇短文《贺"空风诗精选"》，寄给了侯宝仁。宋老师让我同你联系一下，问及此稿审处结果如何？请用电话示之，以便预订20份刊有该稿的报纸，由我前往交款、取报。麻烦之处容图谢！

致安。朱先生同上。

李根红

山东交通报稿纸 社址：济南舜耕路29号 14—20616 · 803×1000 20×10=200

宋稿如采用有困难，由我取回。 7.22

第　　页

金一同志：

您好！

顷接病中臧老的来信，令人感动。想摘几句话请您加在宋遂良教授的文章中。即：

在文章最后一个自然段中，评论家王大海的一段话"人活一辈子……我很值得了。"之后，加上这样几句：特别是，病中的臧老信中说："这不是一本普通的诗选，是您一生创作的精华，这里面，反映着时代的风云和您一生的追求。"

（下接"这还得感谢……"）

麻烦您，请您费心了！

编安

塞风

97.7.23

欢迎来家中作客。

山东交通报稿纸　社址：济南舜耕路29号　14—20616·903×1000　20×10=200

请将令兄大名示知。

尊敬的侯主任：

与朱逵先生同安！

特奉上文艺报《草原上》老编包立民一文，敬请酌处为感！

萬福。

老根敬上

99.8.27

(23×15=345)　　当代小说编辑部（　）

尊敬的金一鸣友：

因个人事麻烦您，心里很过意不去。

已故大作家姚雪垠，为我抗战时之老友。其子姚海天在中国青年出版社任编辑主任，基于《李自成》出版事宜写了一篇短文，请您尽可能登在"书林"版予以补白为感！并请与海天直接联系，《李自成》终以能胜利发版，全了了他。感谢您！

候主任示复！

时安

李根红

9.6日

此系独家稿，敬请抓紧酌处。

(23×15=345)　　当代小说编辑部（　）

第　页

尊敬的金一先生：

手示敬悉。谢谢你代表胞兄向我索字！我写不好，画鸦而已。

"黄河，长江，我两行混浊的眼泪……"是我发表的千余首诗中的警句，曾被中国诗书画院装裱，悬挂于中国美术馆，现特奉上请二位指正。

舍下数次遭劫，现仅存茅盾、萧军、臧克家、李苦禅等墨宝。

府上安泰！

编安

李風

96.8.14

山东交通报稿纸　社址：济南舜耕路29号　14—20816·903×1000　20……

刊有家警小诗报纸，请寄一份。

第　　页

尊敬的金一先生：

你对我的支持，是永远难以忘怀的。

你对老友杨子敏的致意，我在寄报纸时已代为奉告，谢谢！

杨的通信地址是：100013 北京和平里十区二号楼一单元5号。在寄给贵州时按此写即可。

请不吝赐教！

时安

李根红

3.12

山东交通报稿纸　社址：济南舜耕路29号　14—20616·903×1000　20×10=200

金一先生：

你好！

那天归来后，才忆及有失之交臂，见谅！

奉上小稿，祈斧正，酌予在"图书"版补白。

冬安

候宅体安好！

李根红

12.3

山东文学（20×15=300） 第 页

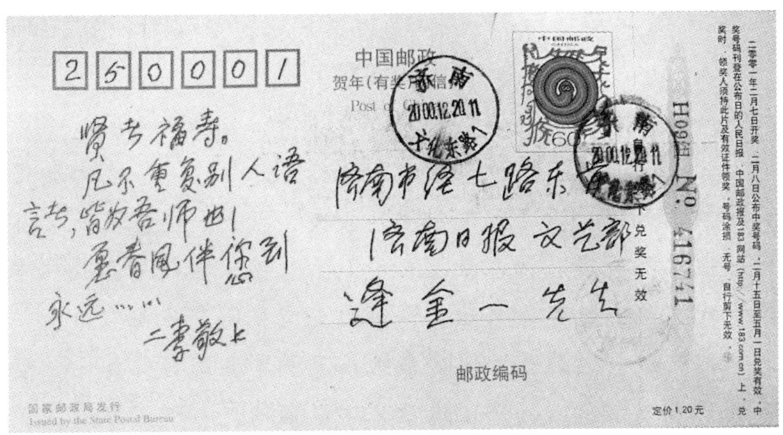
250001

中国邮政
贺年（有奖）明信片
Post of China

贺岁福寿。
凡不重复别人语言者，皆为吾师也！
愿春风伴您到永远……
二李敬上

济南市经七路东
济南日报 文艺部
逄金一先生

自行剪下兑奖无效

邮政编码

国家邮政局发行
Issued by the State Postal Bureau

定价1.20元

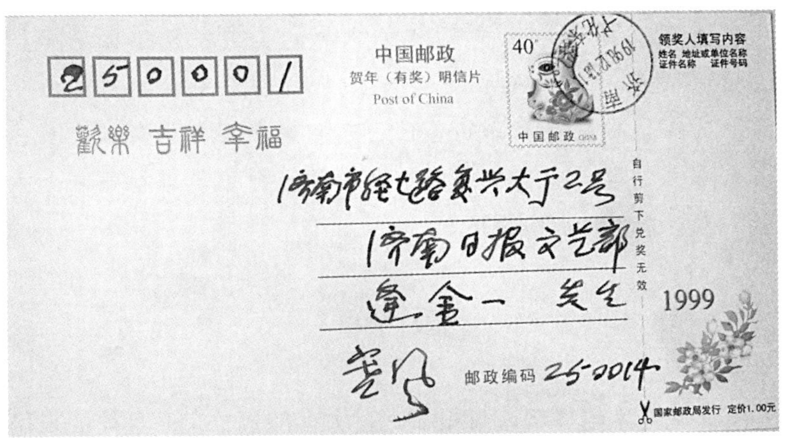
250001

中国邮政
贺年（有奖）明信片
Post of China

歡樂 吉祥 幸福

领奖人填写内容
姓名 地址或单位名称
证件名称 证件号码

济南市经七路东兴大厅2号
济南日报文艺部
逄金一 先生

自行剪下兑奖无效

1999

塞风

邮政编码 250014

国家邮政局发行 定价1.00元

徐北文

[人物档案]

徐北文（1924—2005），山东泰安人。历任济南教师进修学院教师，济南教育学院副教授、教授、名誉院长，济南职业学院教授。从事教学科研五十余年，在教书育人和中国古代文学史、齐鲁文化、济南历史文化研究方面取得众多成果，先后被评为全国优秀教师，享受国务院特殊津贴。著有《先秦文学史》《济南风情》《济南简史》《济南史话》《大舜传》《济南竹枝词》《济南吟赞》《李清照全集评注》《二安词选》《古文观止今译》《续古文观止今译》《唐诗观止》《贞观政要译注》《徐北文文集》《海岱小品》《海岱居文存》等。曾任山东省古典文学学会副会长、山东舜文化学会会长、济南市文学学会会长、市社科联副主席，为山东省文史馆馆员。

[信札故事]

北文先生给《济南日报》写过太多的稿子，而且他的来稿一般都会作为版面的头题稿子来处理。因为离得近（当时他的居住地点，离济南日报老报社相隔只有数百米），我们之间一般都是电话联系，或者我直接骑那辆老旧而结实的“永久”牌自行车往他家去，写信的时候是极少的，我所保存下来的信因而也只有宝贵的一封。

这是一封对我两本小书简单一评的信，又提到他“每冬必患”的一种病，最后是对我的期许之言：“先生年华正富，才气荣发，持之以恒，来日不可量也。”

从旧报纸中，随手就找到北文先生写的一篇文章《孔孚祭》，刊发于1997年6月3日的《济南日报》。这篇文章写于诗人孔孚逝世周月，以生动形象的多则例子描摹出孔孚的个性与特点。在这里可拾摘一小段，以飨读者：

> 某年相逢石岛，海波浩浩，大风泱泱，孔孚与我等偕行，他如醉如痴，旁若无人，似羽化登仙，如入太虚幻境。我则属目岸畔游女，察其音容举止，而与山青、孙国章等猜测伊原籍何处、来自何方。打招呼后，偶尔猜中，遂相视而笑，如获头奖然。所以说，孔孚写山水诗是出自爱山水的天性，只有山水才能激起他的诗情文思。我等凡人，也爱山水，但遇鲜花、少女，就不免移情别就，怎如他全神贯注，专心致志。

这一小段，北文先生不惜“牺牲”自己，把自己写成一个凡人，而极力对比刻画孔孚对山水诗的痴迷，文字典雅优美，更兼情深谊长。

北文老师在这篇短文中，还举了一个让人难以忘怀的例子，以证孔孚之痴绝：孔孚居济南南郊时每晨登山，遇美观之顽石，观之不足，必携之以返家，坐卧以为友，相看两不厌，可是他又不忍心让石友长期离其故土，所以过些日子又要依依相别而送回原处。

北文老师在文中最后说：“山水永存，孔孚不朽。”

好一篇动人传神的祭文！好一幅当代名士的行居图！好一段惺惺相惜的感人故事！当代才人能写出此等考究鲜活祭文来的，能有几人？我觉得掰掰指头，就能数得清的。

而类似的妙文，北文老师写给我们的，真的是多得数不过来的。

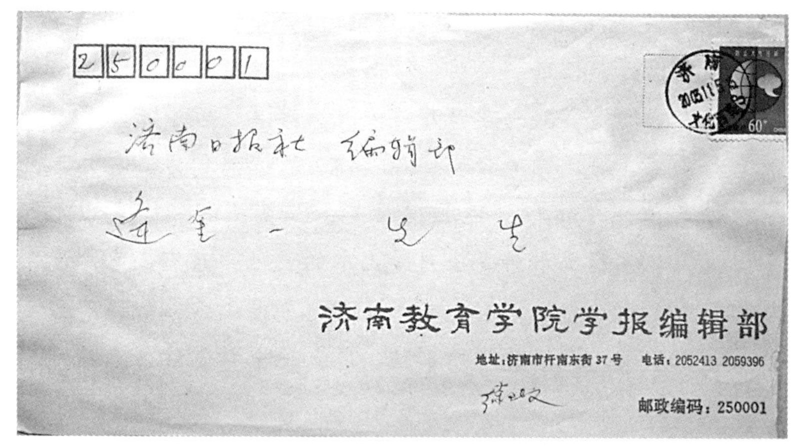

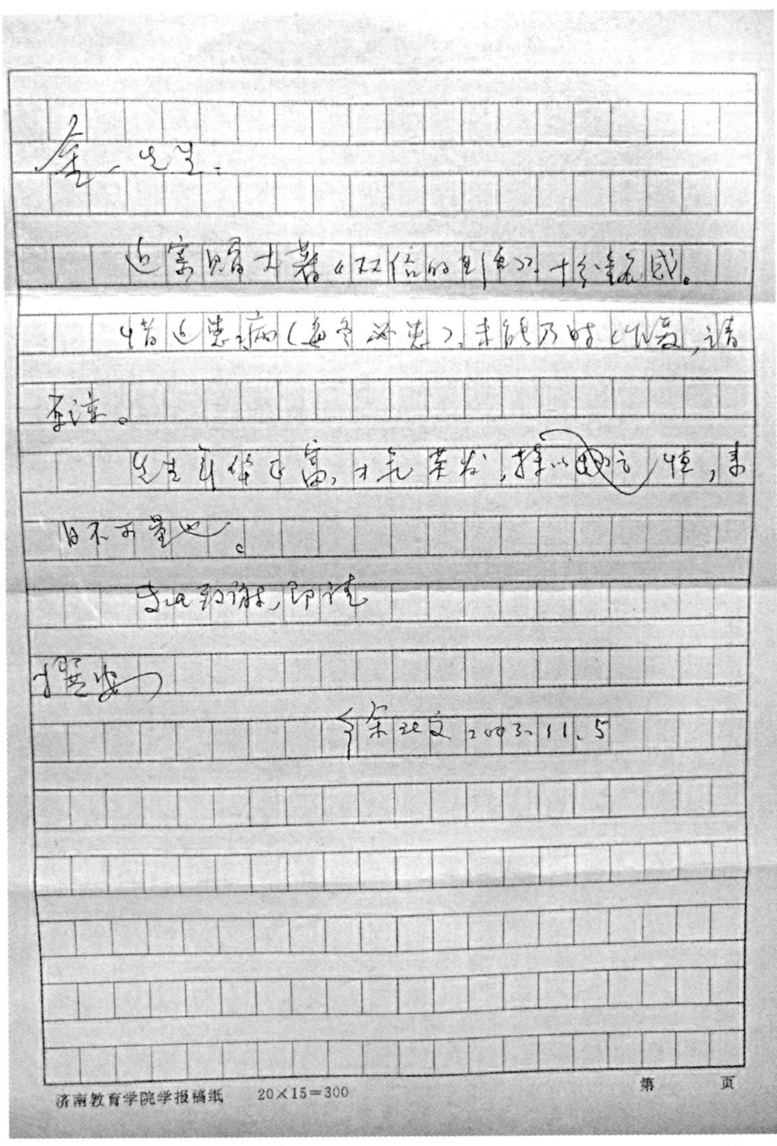

金先生：

近蒙赐大著《双信的自白》，十分感谢。

惜近患病（急性肺炎），未能及时作复，请原谅。

先生年华正富，才气横溢，持之以恒，来日不可量也。

专此致谢，即请

撰安

徐北文 2003.11.5

济南教育学院学报稿纸　20×15=300　第　页

后　记

这本书缘起于一则悲痛的消息。

那是2019年8月19日，著名作家峻青去世。同事写相关报道，问我一些问题，我回家翻找旧信，一下子就翻出大把静静的旧时光。

记忆真是可怕！那一切仿佛早都忘记了，一封封信像一座座浮出水面的岛礁，踩着它们，才能找回来时的路。而105岁的徐中玉、100岁的朱一玄、98岁的钱谷融与峻青……书中所收录的40位文章大家，半数却已永远离开了人世间，进入永恒通透的苍茫中，进入不为我们所知的没有岛礁的神秘水域。

这些书信从多角度、多侧面替我重新构织出20世纪八九十年代纷繁丰富的历史图景。荒芜《伐木日记》背后的辛酸；舒芜对经济异化与妇女问题的高论；舒婷名诗《会唱歌的鸢尾花》的发表内情，在当事人邵燕祥的披露下，能感受到朦胧诗在其时所受到的激烈社会攻击；蓝翎笔下的文艺恐慌；胡风事件无处不在的显性与隐形风云；周汝昌妙论“红楼佚貂”之奇；邓友梅剖析香港文学的源流与个性；池莉直言中国当代文学实际还处在幼年成长期；舒展嬉笑怒骂当代文艺批评痼疾；丁尔纲揭示《车间主任》背后的文艺乱象；李贯通、叶兆言见证《三联生活周刊》诞生；《读书》“大佬”沈昌文惬意优雅的“夜生活”；王一桃笔下香港回归前后种种；陈忠实获“茅奖”前夕的诗意畅想；张海迪对乡下读书生活的深情追忆；《廊桥遗梦》与《阿甘正传》的风行……

书信背后那温暖的人性之光，也每每让作为阅读者的我莞尔——韩小蕙为满足女儿的要求，写信付资让我买一种特殊的明信片；钱谷融翻出压箱底的文章——他1941年在中央大学读书时的小论文；峻青与王一桃火热而赤诚的友谊；老诗人苗得雨画圈传阅我之小文；陈建功大度对待我的“冒犯”；邵燕祥笔下的邹荻帆、电话里的肖复兴；张炜的婉转与清谈；李希凡的童年回忆……

我还又一次更强烈地感受到传统书信在巨大历史变革中的“和平演变”。20世纪90年代还没有电子信箱，更没有微信、QQ，那时候只有邮局与老式电话，绿色调的邮局稳稳当当，老电话机子让人备感妥帖温暖。现在，“稳稳当当”与“妥帖温暖”都已式微，大机器与纯数字化时代的机械冰冷与瞬息万变已成事实。

而更悠远一点的历史与文化背景，是鸿雁传书、驿寄梅花、尺素千金、家书万里、行人临发又开封……

20世纪90年代，最后的纸信时光。

我们有幸位列于纸质书信逐步让位于咄咄逼人的电子书信的过渡性时代。

我们居于纸之尾、电之始。

我们脚跨两个时代。

我们是这两个时代的见证人，同时也是它们之间的信使。

这本小书就是要发挥信使的作用。它联通过去，它告诉未来。它是“纸信传记”的最后一章，又是电子信在新时代的序篇。它是纸信的万花筒，又是它微型博物馆式的一次集结。

其间更还有书法的魅力闪耀，吴小如、耿林莽、张炜、忆明珠、李国文、李希凡、邵燕祥……书文并茂，皆有可观可赏之处，读而简直可以忘忧。

顺着纸信的路，拥抱文学的港湾。

顺着纸信的路，重回汉字的原乡。